중국 컬링의 발전과정과
경기사에 관한 연구

중국 컬링의 발전과정과 경기사에 관한 연구

초판 인쇄 2024년 3월 25일
초판 발행 2024년 3월 31일

지은이   쭈지에 · 정레이레이
펴낸이   이찬규
펴낸곳   선학사
등록번호   제10-1519호
주소   13209 경기도 성남시 중원구 사기막골로 45번길 14
        우림라이온스밸리2차 A동 1007호
전화   02-704-7840
팩스   02-704-7848
이메일   ibookorea@naver.com
ISBN   978-89-8072-269-3 (93690)

값 17,000원

중국 컬링의 발전과정과 경기사에 관한 연구

쭈지에(朱杰) · 정레이레이(郑蕾蕾)

선학사

머리말

컬링(curling)은 16세기 초에 영국 스코틀랜드에서 처음 시작된 겨울 스포츠로, 빙판 위에 스톤을 미끄러뜨려 네 개의 동심원으로 분할된 목표 지점에 위치시키는 경기이다. 세계 컬링을 총괄하는 국제기구인 국제컬링연맹(International Curling Federation)은 1965년 스코틀랜드 퍼스에서 창설되었으며, 1991년 현재 명칭인 세계컬링연맹(World Curling Federation)으로 변경했다. 컬링은 1998년 동계올림픽부터 정식 종목으로 채택되었고, 현행 경기 종목에는 남자, 여자, 믹스더블 토너먼트가 있다.

오늘날 컬링 스포츠는 유럽과 북미 국가가 강세이다. 그러나 한국, 중국, 일본에 전파된 이후에는 아시아 국가들의 급성장이 두드러지고 있다. 중국의 경우, 2004년 중국컬링협회가 창립하여 세계컬링연맹 가입 기간이 한·중·일 세 국가 중 가장 늦지만, 중국 정부의 정책적 지원과 소수정예로 육성되는 시스템을 구축하면서 급성장했다. 한·중·일 세 국가 중 유일하게 2009년 세계여자선수권에서 우승한 기록을 갖고 있으며, 2010년 밴쿠버 동계올림픽에서 여자 대표팀이 동메달을 땄다. 다만 많은 기대를 걸고 준비했던 2022년 베이징 동계올림픽에서 남녀 모두 노메달로 그치는 부진을 겪었다.

중국 컬링의 중심지는 단연 하얼빈이다. 중국 대표팀은 대부분 하얼빈 컬링팀이 맡는 경우가 많다. 하얼빈에서만 컬링을 하는 것은 아니지만, 하얼빈 컬링팀이 남녀 각각 4~5개 팀이 운용될 정도로 선수단 규모부터 큰 편이다.

본서는 쭈지에(朱杰, 2022)의 대학원 박사학위논문「중국 컬링의 발전 과정과 경기사에 관한 연구」를 정리·보강한 것이다. 책의 구성을 살펴보면, I장에서는 연구 목적과 필요성을 살펴보았다. II장에서는 컬링의 역사 등 이론적 배경과 선행연구를 고찰했다. III장에서는 연구 방법과 절차 등에 관해 서술했다. IV장에서는 중국 컬링 발전 과정을 도입기, 발전기, 도약기 등의 세 시기로 나누어 매 시기의 특징을 분석했다. 특히 이 장에서는 중국 컬링의 성립에 관한 역사적 사실, 중국 정부의 컬링 인재육성, 컬링의 대중화 정책, 2022년 베이징 올림픽의 준비 상황과 올림픽 이후의 중국 컬링 등을 자세히 살펴보고자 했다.

중국의 컬링 스포츠에 대한 역사는 길지 않은 것이 사실이다. 하지만 중국 정부는 다양한 정책적 지원을 통해 많은 국민들이 즐기는 겨울 스포츠로 발전시키기 위해 노력하고 있다. 본서의 출간을 통해 중국의 많은 국민들이 컬링을 이해하고 더욱 즐기기를 희망한다. 마지막으로 본 서적의 출간을 위해 꼼꼼히 읽어보시고 많은 조언을 주시는 등 물심양면으로 도와주신 안병삼 교수님과 이찬규 사장님에게 깊은 감사의 말씀을 드리고 싶다.

2024년 3월
쭈지에·정레이레이

CONTENTS

그림 차례

표 차례

I. 서론

1. 연구의 필요성

컬링(curling)은 중세 스코틀랜드에서 얼어붙은 호수나 강가에서 무거운 돌을 빙판 위에 미끄러트리며 즐기던 놀이에서 유래하여 17세기경부터 캐나다, 미국 및 유럽의 여러 지역을 포함한 다른 국가로 확산되기 시작했다. 컬링은 1924년 프랑스 샤모니[1]에서 열린 제1회 동계올림픽에서 처음으로 소개되었다.[2] 컬링은 1965년 국제컬링연맹이 창설된 뒤 1991년 세계컬링연맹으로 개편되어 1998년 일본 나가노에서 열린 제18회 동계올림픽의 정식 종목으로 공식 채택되었다. 초창

---

1 유럽 최고봉이라고 불리는 해발 4,000m의 몽블랑 산기슭에 자리한 샤모니의 정식 명칭은 샤모니 몽블랑(Chamonix-Mont-Blanc)이다. 언제나 만년설이 쌓여 있는 이곳은 1924년 첫 번째 동계올림픽이 개최되기도 한 겨울 스포츠의 도시이다.

2 1924년 동계올림픽의 컬링은 1924년 1월 28일부터 1월 30일까지 프랑스 샤모니에서 경기가 진행되었다. 총 3개국(스웨덴, 영국, 프랑스), 16명의 선수가 참가했고, 영국이 금메달, 스웨덴 은메달, 프랑스가 동메달을 차지했다. 제1회 샤모니 동계올림픽에서는 피겨스케이팅과 아이스하키 등 모두 9개 정식 종목과 14개 세부 종목(노르딕복합, 밀리터리 패트롤, 봅슬레이, 스키점프, 스피드스케이팅, 아이스하키, 컬링, 크로스컨트리 스키, 피겨스케이팅 등)이 치러졌다.

기 중국에서는 큰 발전을 이루지는 못했으나, 2009년 제24회 하얼빈 동계유니버시아드[3]에서 중국의 여자컬링팀이 좋은 성적을 내면서 인기를 끌었고 우승까지 차지했다. 그 당시 중앙방송국 CCTV 5채널에서 모든 경기 상황을 중계했으며 본격적으로 중국 사람들에게 인식되었으며 컬링의 인지도와 영향력이 중국 내에서 높아지기 시작했다. 중국의 컬링팀은 세계선수권대회 및 동계올림픽에서 점차 좋은 성적을 거두며 국내에서 컬링 경기에 대한 뉴스와 중계가 점점 많아지게 되면서 중국의 스포츠 인재들도 컬링에 관심을 갖기 시작했다. 컬링 경기의 독특한 경기규칙과 관람의 재미는 중국의 스포츠 애호가들과 경기 관람을 즐기는 관중들의 관심을 끌게 되었고 이러한 관심은 컬링 동호인들의 증가로 이어졌으며 컬링 운동을 시도하고 참여하려는 대중들이 계속 증가했다(张宝军·李洪臣, 2009).

중국 정부는 당(공산당)의 18대 강조 내용으로 정책적으로 대중의 건강을 위한 생활체육과 경기체육 분야에 적극적으로 참여하도록 해야 한다고 공표할 정도로 국민의 체육적 소질을 중시했다. 또한 체육인들의 전문적인 경기뿐만 아니라 스포츠의 대중화 발전에도 중점을 두어 모든 국민의 체육 참여를 장려했다. 이처럼 체육에 대한 국가적 관심과 정책적 지지에 따라 컬링 또한 국가체육총국이 지지하는 스포츠 종목이 되어 중국 컬링은 국가정책 차원의 올림픽 중점 발전 프로젝트 종목으로 기초를 다졌다(许水生·赵霖·蒋立, 2016).

2015년 7월 31일 베이징이 카자흐스탄의 알마티를 4표 앞서며 제24회 동계올림픽 개최지로 결정되었고, 2022년 2월 4일부터 2월 20일까지 중국 베이징시와 옌칭, 장자커우 등지에서 개최되었다. 베

---

3 국제대학스포츠연맹(FISU)이 주최하며, 2년에 1번씩 열리는 세계 학생스포츠대회이다.

이징 동계올림픽에는 91개국 선수, 2,871명이 15개 종목, 109개 세부 종목에 참가했다. 이러한 대규모 흥행은 동계스포츠에 대한 중국 사람들의 관심을 끌었고, 빙상 운동[4]과 설상 운동[5]에 대한 흥미가 높아지면서 2022년 동계올림픽은 중국 동계스포츠 산업의 발전에 중요한 의미를 지니게 되었다.

2015년 동계올림픽 개최권을 획득한 중국의 국가체육총국[6]은 2016년부터 2025년까지의 '빙설운동 발전계획'[7] 문건을 발표하여 국가 중심의 동계스포츠에 대한 보급 의지를 더욱 확고히 했다. 이에 따라 컬링 등 대중들이 관람의 재미와 흥미를 느끼는 동계스포츠 종목을 지원하여 경기의 수준을 높이고, 빙설 스포츠 시범경기 등의 확대를 통해 유동적으로 3억 명이 동계스포츠에 동참하는 것을 목표로 했다. 같은 해 11월 4일 군중빙설체육 스포츠를 추진하기 위해 국가체육총국은 '군중 동계스포츠 보급계획 2016-2020'[8] 문건을 발표했는데 이 문건에서 최초로 컬링에 관한 언급이 있었다. 문건의 내용은 다음과 같다.

---

4 천연 또는 인공 빙상장에서 하는 스포츠로 스피드 스케이팅, 피겨 스케이팅, 아이스하키, 쇼트트랙, 봅슬레이 등이 있다. 공식 경기는 인공스케이트장에서 개최된다.

5 천연 또는 인공설 위에서 행해지는 스포츠로 알파인스키, 프리스타일, 크로스컨트리, 스노보드, 스키점프 등이 있다.

6 1952년 11월 설립된 중앙인민정부 체육위원회가 전신이며, 1998년 3월 24일 국가체육총국으로 개편되었다. 체육을 발전시키고 국민들의 체질을 증진시키는데 힘쓰며 대중체육을 보급하는 동시에 대대적으로 경기체육을 발전시켜 중국의 운동 기술 수준을 크게 향상했고, 중국 체육사업의 왕성한 발전을 이루었다.

7 2016년 11월 25일 동계스포츠의 발전을 위해 국가발전개혁위, 국가체육총국, 교육부, 국가여유국이 발간한 문서를 말한다.

8 빙설 스포츠를 대대적으로 발전시키고, 빙설 스포츠 경기력을 향상하며, 빙설 산업 발전 가속화의 기틀을 마련하여 2022년 동계올림픽과 패럴림픽의 성공적인 개최를 목적으로 하는 계획안이었다.

"첫째, 베이징의 특색있는 빙설 활동을 만들기 위해 컬링 등 스포츠 종목에 대한 보급을 높인다. 둘째, 중점적인 지원을 통한 발전가능성이 높은 아이스하키 및 컬링 등의 항목을 보완하여 빙설 스포츠 경기 종목으로 배치한다. 셋째, 전문적인 동계스포츠팀을 조직하고 베이징에 컬링팀을 설립한다. 넷째, 청소년 빙설 경기팀을 조직하고, 베이징시 청소년 동계운동회를 개최하여 청소년 컬링 경기를 개최한다. 다섯째, 빙설 스포츠 소비 촉진에 적극적으로 나서서 발전 여지가 있는 피겨, 컬링, 아이스하키 등의 동계스포츠를 발전시킨다. 여섯째, 빙설 경연대회 시장을 적극적으로 육성하고, 컬링 등 비교적 관람의 재미와 흥미가 있는 수준 높은 빙상대회를 개최한다."(国家体育总局, 2016).

결과적으로 이러한 계획은 동계스포츠를 확산시키는데 큰 도움이 되었고, 정책적으로도 동계스포츠에 대한 대중적 참여를 독려하고 지원했다. 2018년 9월 5일 국가체육총국은 '빙설운동 참여 3억 명 2018-2022' 실시 요강[9]을 발표하여 대대적으로 대중적인 빙설운동을 보급했고, 3억 명을 빙설운동에 참여시킴으로써 건강한 중국을 만드는데 노력했다.

이에 베이징시는 국가체육총국의 정책을 지지하기 위해 2016년 12월 30일 '베이징시 전 인민 건강 실시 계획 2016-2020'[10]을 발표하여 청소년들에게 빙설운동 보급을 활성화하고 각 학교로 동계스포츠

---

9 2020년 베이징 동계올림픽을 체계적이고 계획적으로 강화하기 위한 시행 요강으로 2018년 9월 5일 국가체육총국은 '3억 명을 빙설운동에 참여시킨다.'라는 이 시행 요강을 발표하고 이날부터 시행에 들어갔다.

10 전 국민 건강 사업 발전에 대해 체계적인 계획과 배치를 진행했으며, 9대 목표 임무와 10개 주요 보장을 명확히 함으로써, 전 국민 건강 사업 발전의 연속성, 규범성, 융합성, 혁신성을 구현했으며, 전 국민 건강과 건강 중국 양대 국가 전략을 실현했다. 여기에 베이징진지협회의 공동 발전과 베이징의 2022년 동계올림픽의 협력을 촉진했다.

종목의 육성을 적극적으로 추진했다. 조건이 갖춰진 곳에서 컬링 종목을 학교 체육수업 내용에 포함하고, 학교 밖 동계 생활스포츠에 적극적인 참가를 유도하여 학생들이 한두 가지의 동계스포츠 기능을 능숙하게 습득하도록 권장했다. 이는 학생들의 신체적 자질을 증진하는 것을 기초 목표로 전 국민의 건강향상을 통해 건강한 베이징 건설을 위한 총체적인 지도 계획을 현실화한 것이었다. '베이징시 빙설운동 캠퍼스 지도원 양성 대강'[11]에서는 컬링에 관한 몇 가지 사항을 제시했다. 첫째, 빙설 스포츠 과정을 개설하여 캠퍼스 안에서 전면적으로 빙설 스포츠 종목을 추진하며, 각 학교에서 컬링 등의 종목은 얼음을 모방한 지면을 이용하여 시뮬레이션한다. 둘째, 빙설운동 경연대회로 캠퍼스 빙설운동 분위기를 조성하고 빙설 입문 학생을 위한 특성화 프로그램을 운영한다. 특성화 프로그램에는 올림픽 지식, 컬링 등 이색 동계스포츠 종목의 보급 등의 내용이 포함되어 있다. 2019년 3월 31일 베이징시는 '2022년 베이징 동계올림픽을 계기로 빙설 스포츠의 활성화에 관한 의견'[12]을 제시하면서 동계스포츠의 시장 확대를 위해 피겨 스케이팅, 아이스하키, 컬링, 스키, 쇼트트랙 등 관중의 호응도를 높일 수 있는 빙설 스포츠 대회와 이벤트 조성을 지원하라고 제안하기도 했다. 중국 사람들은 이러한 정책들을 통해 다양한 동계스포츠 종목을 접할 수 있게 되었고, 이색적인 동계스포츠 종목으로 관심을 받게 된 컬링의 발전에도 긍정적으로 작용했다(马乐虹, 2019).

---

11 빙설운동 관리 체계를 규범화하고 보장을 강화하며, 베이징시 캠퍼스 얼음 운동의 보급과 과학, 지속적인 발전을 촉진하기 위한 요강이다.

12 중국 공산당 중앙판공청, 국무원 판공청은 2019년 3월 베이징 동계올림픽, 동계패럴림픽 준비사업을 위해 '2022년 베이징 올림픽을 계기로 빙설 스포츠를 발전시키자는 의견'을 발간하고 각 지역 각 부처가 협력해 실천에 옮기라고 통지했다.

2022년 베이징 동계올림픽에 전력투구하기 위해 시진핑 국가주석[13]의 '빙설 스포츠 참여 3억 명'이라는 목표에 따라 중국에서 동계스포츠의 가치는 사회 전반에 걸쳐 주목을 받았다. 대중의 동계스포츠 참여도가 갈수록 증가했고, 헤이룽장(黑龍江)성에서는 빙설 스포츠가 대표적인 스포츠이자 대중 활동으로서 지역뿐 아니라 중앙정부의 큰 관심을 받았다(徐若天, 2017).

이러한 배경에서 유럽과 북미지역에서 이미 대중적인 사랑을 받고 있던 컬링은 빙설 스포츠의 대표 종목으로서 중국의 스포츠 마니아들을 통해 급속도로 전파되고 있었다. 2009년 컬링 세계선수권대회 여자컬링의 우승, 2010년 밴쿠버 동계올림픽 여자컬링의 동메달 획득 등 최근 15년간 국제대회에서 우수한 성적을 거두며 중국의 컬링 종목은 역사적으로 새로운 진전을 이루고 있다. 중국의 컬링은 국가체육총국의 높은 관심을 받으며 컬링에 대한 대중적 인지도를 높였고, 스포츠 마니아들에게 점차 큰 관심을 받고 있으며, 계속해서 대중의 생활스포츠로 확대되고 있다. 중국에 컬링이 막 도입되던 시기에는 가난함에서 벗어나 생활의 윤택함에 초점을 두던 시기였다. 하지만, 지금은 사회의 변화와 경제적인 발전을 통해 사람들은 삶의 품격과 질에 초점을 두기 시작했다.

따라서 본 연구는 컬링의 기원과 역사를 살펴보고, 중국에서 컬링의 도입과 발전사를 분석하고 중국 컬링 발전과정의 영향 요소를

---

13 한족으로 남성이며 1953년 6월생 산시(陝西)성 부평(富平) 출신이다. 1969년 1월 근무한 뒤 1974년 1월 중국 공산당에 입당했다. 칭화대 인문사회대학원의 마르크스주의 이론과 사상정치교육 전공, 법학박사. 현재 중국 공산당 중앙위원회 총서기, 당 중앙군사위원회 주석, 중화인민공화국 주석, 중화인민공화국 중앙군사위원회 주석을 맡고 있다.

찾아보고, 컬링의 발전사를 통해 중국 컬링 경기의 미래 방향을 제시하고자 한다.

2. 연구의 목적

컬링은 16세기 스코틀랜드에서 기원하여 이후 북유럽에서 널리 성행한 동계스포츠이다. 컬링은 1924년 처음 동계올림픽의 시범종목으로 등장하여 1998년부터 정식 종목으로 채택되었다. 중국에는 1995년부터 컬링이 도입되어 빠른 속도로 발전했다. 중국이 세계컬링연맹에 가입한 시기는 한·중·일 중에서 가장 늦었지만, 중국 정부의 적극적 지원과 소수정예로 선수들을 집중적으로 육성하면서 급성장했다. 2021년 세계선수권에서의 우승 기록을 갖고 있으며, 평창 동계올림픽보다 앞선 2010년 밴쿠버 동계올림픽에서 여자 대표팀이 동메달을 따는 성과를 올렸다.

본 연구는 중국 컬링의 역사를 살펴보고 사회적 영향력과 발전 방향에 대해 알아보고자 한다. 구체적인 목적은 다음과 같다.

첫째, 컬링의 기원과 역사에 대해 정리하고 중국 내의 영향요인을 살펴보고자 했다.

둘째, 중국 내 컬링의 도입과정을 시기별로 정리하고, 발전과정 및 전략에 관하여 고찰했다.

셋째, 중국에서 컬링의 발전과정을 통해 2022년 베이징 동계올림픽 이후 중국 컬링의 미래 전망을 살펴보고자 했다.

3. 연구의 대상

본서의 연구대상은 동계스포츠 종목인 컬링이다.

동계스포츠란, 일반적으로 겨울에 즐기는 스포츠이다. 공식적으로 눈이나 얼음 위에서 즐기는 스포츠를 가리키는 용어이다. 겨울 시즌이 긴 여러 국가에서 눈과 얼음을 이용한 이동 수단들이 자연스럽게 놀이에서 스포츠 종목으로 발전하며 인기를 끌고 있다. 주된 동계

노르딕 복합	루지	바이애슬론	봅슬레이
쇼트트랙 스피드 스케이팅	스노보드	스켈레톤	스키점프
스피드 스케이팅	아이스 하키	알파인 스키	컬링
크로스컨트리 스키	프리스타일 스키	피겨 스케이팅	

그림 1. 동계스포츠 종목

자료 출처: www.pyeongchang2018.com(2018)

스포츠 종목에는 아이스하키, 피겨 스케이팅, 스피드 스케이팅, 스키, 스노보드, 컬링 등이 있다.

이러한 동계스포츠 중에서 본서에서 다루고자 하는 것이 바로 컬링이다. 컬링은 각각 4명으로 구성된 양 팀이 빙판 위에서 주전자 모양의 둥글고 납작한 돌(스톤)을 미끄러뜨려 원형 표적인 하우스 안에 넣어 어느 팀의 스톤이 하우스의 중심에 가까이 많이 있는지에 따라 득점을 겨루는 경기이다. 경기 세부 종목은 남자, 여자, 믹스더블 종목이 있으며, 컬링 시트의 규격은 4.27m × 42.07m이고, 하우스의 지름은 3.66m이다. 직사각형의 얼음 링크 안에서 스톤을 미끄러뜨려 하우스 안에 넣어 득점하는 방식으로 진행된다. 한 선수가 스톤을 던질 때 다른 선수들이 빙판을 브룸(broom, 빗자루)으로 쓸어 잘 미끄러지게 하는 것이 묘미다. 그 행동을 일컬어 스위핑(sweeping)이라고 한다. 컬링 경기에 참여하는 4명의 선수는 각각 리드·세컨드·서드·스킵으로 불린다. 그 가운데 스킵이 팀의 주장이 되어 경기의 모든 작전을 지휘한다. 초보자는 리드부터 시작해 능숙해지면 차례로 세컨드와 서드의 역할을 맡는다. 스킵이 던지는 목표를 지시하면 그 목표를 향해 한 선수가 스톤을 던지고, 나머지 두 선수는 브룸으로 빙판을 닦는 역할을 맡는다. 그 선수들은 브룸으로 스톤의 진행 방향을 닦아 스피드를 유지하고 경우에 따라 코스를 바꾸는 기술도 발휘해야 한다.

컬링은 스톤의 진로를 선택하는데 매우 복잡한 전략적 사고가 요구돼 '빙판 위의 체스'라는 별칭을 갖고 있다. 두 팀이 각각 8개의 스톤을 번갈아 던지는 것이 끝나면 1엔드가 종료되며, 일단 그 상황의 득점을 산출한다. 한 경기는 모두 10엔드로 이루어지고, 각 엔드에서 얻은 득점의 합계로 승패를 결정한다.

컬링 경기에 사용되는 스톤은 무게 19.96kg 이하, 둘레 91.44cm

이하, 높이 11.43cm 이상이어야 한다. 과거에는 철제(鐵製)도 있었으나 현재는 화강암 재질만 공인되고 있다. 각 팀의 스톤은 핸들 색깔로 구분한다.

컬링은 다양한 작전을 구상함으로 상대팀과의 심리전에서 오는 긴장감을 극복하고 통찰력을 배양해야 하며, 주어진 임무완수를 위한 책임감과 목표 달성을 위한 팀 전체의 단결력이 필요하다.

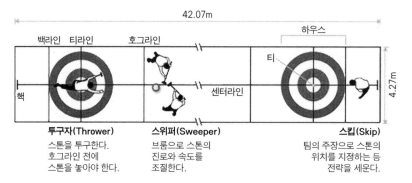

그림 2. 컬링 코트와 선수 포지션

자료 출처: 위키백과(2020)

4. 연구의 제한점

본 연구를 수행하면서 다음과 같은 제한점이 있었다.

첫째, 본 연구에서 사용된 자료는 한국과 중국에서의 연구자료가 많지 않아 국외의 자료에 의존해야 해서 자료 수집에 어려움이 많았다.

둘째, 컬링의 중국 내 발전 과정의 전반적인 현황을 조사했으나 통계 외의 민간 협회나 전산에 등록되지 않은 클럽이나 생활체육 단체가 존재하므로 전 중국의 현황에 대한 조사라고 확정하기에는 어려움이 있었다.

셋째, 컬링을 도입하고 발전시킬 수 있는 환경의 제한이 있기 때문에 중국의 전 지역에 관한 연구가 아닌 컬링 시설이 있는 화동과 동북지역을 중점으로 한 연구를 전개했음을 밝힌다.

Ⅱ. 이론적 배경

1. 컬링의 역사

1) 유럽 대륙 기원설

컬링의 기원은 정확히 알려져 있지는 않지만, 여러 증거들이 유럽 대륙과 스코틀랜드가 기원지로서 발전했다는 주장을 뒷받침하고 있다. 유럽 대륙의 기원은 주로 어원학에 대한 분석이라고 한다. 목사 존 램지(John Ramsay)는 당시 제미슨(Jamison) 사전을 찾아보니, '컬(curl)'은 독일 쿠즈웰에서 유래한 오락게임의 일종으로, 컬링(curling)이 바로 이 오락게임의 명칭이며, 이어 컬링(curling)이라는 용어가 영어에서 나온 것이 아니라는 점을 내세웠다. 존 램지는 그의 저서에서 컬링이 유럽 대륙에서 유래했다고 주장하며 'kuting'이나 'coiting' 등의 단어로 네덜란드나 독일어에서 유래한 것으로 보이며 적어도 독일어나 네덜란드어가 유행할 때 이들 국가에서 스코틀랜드로 유입됐을 가능성이 크다고 주장했다. 스코틀랜드에서 오랫동안 살았고 스코틀랜드의 현존하는 언어에도 네덜란드어가 포함돼 있지만, 독일어는 존재하지 않는다. 역사에서 외래 어원의 존재는 극히 적지만, 컬링 종목의 어원은 거의 유럽 대륙에서 왔다는 것이 유럽 대륙 기원설의 주요 증거가 되었다(Ramsay, 2010).

컬링이 프랑스 농민들에 의해 스코틀랜드로 건너온 것으로 추정하는 학자도 있다. 실제로 주요 언어인 영어 외에 스코틀랜드 게일어와 저지 스코틀랜드어[14]가 16세기부터 등장했고, 저지 스코틀랜드어가 게르만족[15]의 언어라는 것이 컬링이 유럽 대륙의 고대 국가에서 스코틀랜드에 유입되었음을 방증한다.

그림 3. 1565년 피터르 브뤼헐(Pieter Brueghel)의 〈눈속 사냥꾼〉

자료 출처: www.sina.com.cn(2017)

---

14 스코틀랜드 남부(저지 스코틀랜드)와 얼스터에서 쓰이는 앵글 어파의 언어이다.

15 인도 유럽 어족 중 게르만 어파에 속하는 언어를 사용하는 민족의 총칭으로 신석기 시대 말 중부 독일에서 북상한 일부가 원주민과 융합하여 원시 게르만 민족을 이루었고,

〈그림 3〉은 플랑드르(지금은 벨기에 지방) 화가에 의해 그려진 그림이다. 그림 안에서 얼음 아래쪽에 팽이를 치고 있는 두 명의 아이들이 보이고 그 왼쪽에서 돌을 던지는 듯한 모습, 오른쪽에서 던진 돌의 위치를 상의하는 듯 사람들이 컬링과 유사한 놀이를 하는 장면을 묘사하고 있다. 작가인 피터르 브뤼헐(Pieter Bruegel)의 다른 작품에서도 얼어붙은 연못이나 호수에서 컬링과 유사한 활동을 하는 모습을 그리고 있어 유럽에서 일찌감치 컬링이 시작된 것으로 보인다(강수연, 2021).

〈그림 4〉와 같은 네덜란드 화가의 작품은 수년간 컬링의 역사적 증거로 사용되어 왔다.

1575년 또 다른 네덜란드 화가 제이콥 그리머의 '겨울'은 벨기에

그림 4. 네덜란드 화가 제이콥 그리머(Jacob Grimmer)의 〈겨울〉
자료 출처: 百度百科资料(2020)

_____

청동기 시대에 중부와 동부 유럽 일대로 확산되었다.

안트베르펜에서 빙상 운동을 하는 장면을 그렸지만, 피터르 브뤼헐의 그림과 달리 팀당 10명의 참가자가 있는데 그중 한 명은 지금의 지휘자처럼 수많은 컬링이 앞에 놓여 있고 얼음판 너머에는 슬라이딩을 준비하는 선수들도 있다.

16세기 유럽 대륙의 저지대에서 진행된 컬링은 현재의 컬링과 유사성이 있어 현대 컬링의 모태가 될 수 있지만, 엄밀히 따지면 컬링이라고 할 수 없다. 이후 어떤 이유로 스코틀랜드에 이 운동이 전파되면서 현지 석재와 결합했고 형태를 개선해 컬링으로 발전한 것으로 보인다(John Kerr, 1890).

컬링은 겨울의 추위가 매서운 유럽의 북부에서 연못 위에 돌을 던지거나 굴리는 놀이 등이 점차 게임과 스포츠의 형태로 구체화되면서 세계의 각지로 전파되고 발전하게 되었다. 컬링 게임의 요건을 충족시키기 위해서는 인공배수가 부족한 연못이나 물웅덩이와 게임에 사용하기 적합한 돌이 있어야 가능했으며, 이러한 지역은 역사적으로 수송과 운송 수단이 발달하지 못해 외부와의 교류가 불리한 조건이었다. 컬링은 각자의 지역 내에서 발전했다. 이러한 조건들은 도구와 규정의 규격화가 진행되면서 컬링은 오늘날의 스포츠로 변모한 계기가 되었다(于亮·王瑞元·周越, 2012).

컬링은 19세기 중후반에는 스웨덴, 스위스, 노르웨이가 앞섰으며, 20세기 이후로는 독일, 이탈리아, 덴마크, 오스트리아 등이 급성장해 세계 컬링 강국으로 발돋움했다. 현재 유럽 전역에서 컬링을 즐기고 있으며, 국제대회에서도 좋은 성적을 거두는 등 폭발적으로 발전하고 있다. 세계선수권대회와 올림픽 출전권 배정을 보면,[16] 유럽 국가들

---

[16] 세계선수권대회(남녀)에 참가하는 팀은 13개 팀이며, 다음과 같이 지역 안배가 되어

이 대부분을 차지할 정도로 세계 컬링에서 유럽 국가의 독식이 지속되고 있다.

2) 스코틀랜드 기원설

1540년 스코틀랜드 페이즐리의 공증인 존 맥퀸(John McQuhin)은 자신의 저서에 페이즐리 수도원의 수도사들과 얼음을 가로질러 돌을 던지며 승부를 가르는 것에 대한 내용이 문서로 기록된 바 있다. 당시 'Roarin Game'과 'Slippery Game'이라 칭했는데 얼음 위로 굴러갈 때 화강암의 거친 소음을 묘사한 명칭이라 했다(세계컬링연맹, 2020). 컬링이라는 명칭이 처음 기록된 것은 1620년 스코틀랜드의 헨리 아담슨(Henry Adamson)의 저서 『The muses threnodie』에서 살펴볼 수 있다.

"Anent the defunct, his name was M. Iames Gall,

a Citizen of Perth, and a Gentle-man of a good

stature, and pregnant wit, much given to pass time,

as golf, archerie, **curling** and Joviall companie."

"사라진 사람 이름은 M. Iames Gall이었다.

퍼스의 시민이자 신사인 그는 골프, 양궁, 컬링,

그리고 조이털 컴퍼니를 하는데 많은 시간을 보냈다."

있다. 아메리카 지역(개최국 포함) 2팀, 아시아태평양 지역(개최국 포함) 2팀, 유럽 지역(개최국 포함) 8팀, 세계퀄리피케이션이벤트 2팀이다. 여기서 이전 WCC 마지막 순위 팀이 있는 지역은 하나의 보장된 자격을 잃는다. 또한 세계컬링연맹은 올림픽을 앞두고 두 번의 세계선수권대회 결과를 점수로 환산해 상위 8개국에 올림픽 출전권을 우선 배정한다.

위 내용을 보면 당시에 골프 및 양궁과 함께 컬링이 행해졌음을 알 수 있다. 또한, 스코틀랜드 기원설을 지지하는 학자들은 어원설의 신빙성이 낮은데다 초기 운동기구와 형식의 차이까지 세 가지 의혹을 제기하고 있다. 첫째, 'kuting', 'coiting', 'kilian' 같은 단어가 독일어 단어 'kluyten', 'kallayten' 등과 비슷하지만 참고한 제이미슨 사전은 한 판만 수정된 것으로 소급 적용하기에는 무리가 있다. 둘째, 'cotis' 또는 'coiting' 원어는 네덜란드인들이 얼음 위에서 즐기는 눈덩이 놀이를 의미한다. 셋째, 컬링 행렬과 장소라는 단어 'rink'는 구 색슨에서 유래한 'hrink', 'hrieg' 등의 단어다. Ancient Scottish Game에 따라 스코틀랜드 남서부로부터 기원했을 가능성이 크다고 했다(John Kerr, 1890).

스코틀랜드 기원설에 따르면, 컬링은 16세기 중반 스코틀랜드에서 얼음판 위의 놀이로 돌을 던지던 것으로부터 유래했다고 전해진다. 1511년 날짜가 새겨진 스톤이 스코틀랜드 던 블레인 소재의 오래된 연못의 물이 빠지면서 발굴되었다. 화강암으로 만든 네모난 모양으로 무게가 26파운드였다. 〈그림 5〉는 스코틀랜드 던 블레인 연못에서 발견된 스털링 스톤으로, 발굴된 유물 중 가장 오래된 컬링 스톤이며, 현재 스텔링 박물관에 보관되어 있다.

그림 5. 가장 오래된 컬링스톤
자료 출처: 百度百科資料(2020)

스코틀랜드에서 세계 최초의 컬링클럽들이 창설되었으며, 1716년 설립된 세계 최초의 컬링클럽인 킬시스(Kilsyth)는 당시 컬링 활동을 하기위해 100m×250m의 얕은 인조 연못을 만들어 겨울의 컬링 연습과 경기용으로 사용했다고 기록되어 있다. 킬시스 사

그림 6. 스코틀랜드 킬시스 컬링클럽이 만든 연못

자료 출처: 百度百科资料(2020)

람들은 콜지움 연못이 세계에서 가장 오래된 컬링용 연못임을 자부한
다. 이 연못은 지금까지 존재하고 있다(徐若天, 2017). 〈그림 6〉은 당시
킬시스 컬링클럽이 건설한 인조 연못이다.

　　1761년 스코틀랜드 중부 스털링샤 지역의 컬링 동호인들이 첫 클
럽을 결성했고, 1838년 스코틀랜드 그랜드 칼레도니안 컬링클럽이 창
단되면서 컬링의 초보적인 규칙이 제정되면서 컬링이 동계스포츠의
역사에 이름을 올렸다. 컬링의 기원에 대한 논쟁은 19세기 초 더욱 치
열해졌고 연구자들은 컬링의 진원지로 유럽 대륙인 독일이나 네덜란
드 등을 꼽았다. 스코틀랜드 컬링 선수로는 처음으로 캐나다를 방문한
콜은 연구를 통해 컬링의 기원을 스코틀랜드에서 찾았다(于亮·王瑞元·
周越, 2012).

그림 7. 1985년 유화 〈투호자〉
자료 출처: 百度百科자료(2020)

　〈그림 7〉의 유화는 1985년 작품으로 컬링을 즐기는 모습이 현대 컬링 경기의 형태와 매우 유사한 것을 알 수 있다. 이 유화를 통해 스코틀랜드인이 최초로 컬링 경기의 규칙을 제정했음을 유추할 수 있다.

　〈그림 8〉은 1860년 스코틀랜드 애이셔 에글링턴 캐슬에서 벌어지고 있는 컬링 경기를 묘사하고 있는 그림이다. 빗자루가 있고 하우스가 그려져 있으며, 딜리버리 자세를 취하는 모습이 매우 인상적인 작품이다.

　컬링의 기원국에 대해서는 아직 논란이 있지만, 스코틀랜드 기원설은 현재로선 가장 신빙성 있게 받아들여지고 있다. 스코틀랜드에서 발견된 1511년이라는 글자가 새겨진 컬링은 16세기 초 스코틀랜드에서 컬링 활동이 있었음을 증명하며 18세기 말에는 컬링 활동이 스코틀랜드 저지대에서 비교적 광범위하게 이루어졌음을 짐작할 수 있다.

그림 8. 스코틀랜드 에글링턴 캐슬 밖 컬링 경기 모습

자료 출처: 百度百科资料(2020)

스코틀랜드의 오래된 컬링클럽들이 소장하고 있는 역사적 자료들은 18세기 후반으로 거슬러 올라간다. 양 팀이 모두 4명씩 하는 현대 컬링 경기 기본 규칙도 스코틀랜드인이 만들었다.

스코틀랜드인이 1838년 창단한 그랜드 칼레도니안 컬링클럽은 상당 기간 최초의 세계 컬링 활동 공식 관리자로서의 신분을 맡았다. 1842년 왕실의 후원을 받아 왕립 칼레도니안 컬링클럽(The Royal Caledonian Curling Club, 약칭 RCCC)으로 이름을 바꾸었고, 왕립 칼레도니안 컬링클럽은 세계 컬링의 모태로 인정받아 왔다. 하드웨어 측면에서도 지금까지 세계에서 가장 단단한 탄성과 방수성을 갖춘 컬링스톤은 스코틀랜드에서만 채굴되고 있다(于亮·王瑞元·周越, 2012).

스코틀랜드 겨울은 매우 추워, 사람들은 당시 유행했던 골프에 관심을 두기보다 컬링으로 흥미의 방향을 틀었고, 빠르게 유행하기 시작했다. 이웃 대 이웃, 마을 대 마을, 스코틀랜드의 겨울은 컬링에 대

그림 9. 컬링 석재 채굴

자료 출처: 百度百科资料(2020)

한 참여와 관심으로 뜨거웠다. 해마다 전국적인 큰 대회가 열려 사람들이 사방에서 경기장으로 달려왔고, 수천 명이 얼어붙은 호수에서 동시에 경기를 하는 장관을 연출했다. 오늘날은 캐나다 등 다른 나라에서 컬링이 더 크게 유행하고 있지만, 당시 스코틀랜드인들이 컬링에 열광했던 것과 비교되지 않는다(강수연, 2021).

컬링의 본고장에 대해서는 아직 논란이 있지만, 세계 최초의 컬링클럽이 스코틀랜드에 창단되었다. 당시 컬링을 한 인구가 가장 많고 컬링 경기 규칙을 만든 스코틀랜드의 탁월한 공헌이 인정됨은 확실하다. 따라서 컬링의 역사를 얘기할 때 스코틀랜드를 빼놓을 수 없다(徐若天, 2017).

컬링의 기원에 대한 논란이 끊이지 않고 있고, 그 전개 과정도 복잡하게 얽혀 있다. 1976년 글래스고대 역사학과 연구원인 존 더칸은 페슬리 수도원의 16세기 생활양식에 대한 정보를 수집하던 중 존 맥

그림 10. 1853년 스코틀랜드 페스 카운티 핑거스크 컬링클럽
자료 출처: 百度百科资料(2017)

퀸이 기록한 수도사 간 'Curling Challenge'에 관한 라틴어 원고를 발견했다. 스코틀랜드 컬링 역사학자 데이비드 스미스(David Smith)는 이에 관심을 가지고, 1977년 12월 컬링 역사를 다룬 새로운 증거를 집필했다. 존 맥퀸은 1541년 2월 6일, 존 슬레이터(John Sclater)와 개빈 해밀턴(Gavin Hamilton) 등 두 사람이 지정된 빙판 위에서 돌을 던지는 경기를 했다고 묘사했지만, 원고에 경기 결과나 문헌이 기록되지는 않았다. 데이비드 스미스는 경기 용어에 돌 대신 'cotis'라는 단어를 쓴 것이 특별한 의미를 부여하며 라틴 용어 중 스코틀랜드인의 coit 발음에 가장 가까운 단어일 것으로 추정했다. 코이팅(Coiting)은 17~18세기 스코틀랜드에서 컬링(curling)의 동의어였다. 컬링(curling)이라는 용어를 처음 쓴 스코틀랜드의 시인 헨리 아담슨은 1620년 그의 저서『무에스 트레노디(Muses Threnodie)』에서 컬링을 묘사하면서 이 명사를 두 차례 언급했다. 첫 컬링 경기의 묘사는 1773년 제임스 그레이엄(James Graeme)의 작품에서 전문용어인 스위핑(sweeping)뿐 아니라 손 발가락, 파워, 마찰 등 전문적인 문제까지 거론됐다(于亮·王瑞元·周越, 2012).

19세기 초만 해도 스코틀랜드에서는 컬링 경기가 크게 유행했다. 1811년 목사 존 램지가 최초의 컬링 역사인 『An Account of the Game of Curling』을 완성했지만, 저자로 자신의 이름을 언급하지 않고 에든버러 던딩턴 컬링협회의 일원으로 묘사했다. 직접적인 증거는 없지만, 어원학적으로 네덜란드어나 독일어 국가가 컬링의 기원지였을 것으로 추측했고, 무역 등을 통해 15세기 후반 스코틀랜드에 컬링이 전해져 왔다고 했는데, 컬링이 스코틀랜드에서 기원하지 않았을 가능성을 제기한 것은 그가 처음이었다. 그러나 어원학적 증거는 그다지 신빙성 있게 받아들여지지 않아 1890년 목사 존 커(John Kerr, 1890)가 쓴 컬링사에서 컬링의 어휘 중 실제보다 과하게 평가된 게르만 어원이 많다고 해서 컬링이 반드시 유럽 대륙의 저지대 국가에서 기원했다는 증거는 없다고 주장했다(于黎冰, 2007).

3) 북미 컬링의 발전

캐나다에서 컬링의 역사는 스코틀랜드보다 길지는 않지만, 이곳에서도 깊게 뿌리를 내리고 있다. 영국인들이 신대륙으로 이주하면서 컬링이 북미로 건너왔고 1807년 캐나다에서 북미 최초의 컬링클럽인 로열 만수르 컬링클럽이 설립됐다.

컬링이 도입되어 여러 차례의 발전을 걸쳐 현재 컬링은 이미 캐나다인에게 있어 생활의 일부가 되었다. 매년 겨울이면 100만 명에 가까운 캐나다인이 이 오래된 스포츠에 참가하는데 이는 세계 모든 나

그림 11. 1753년 포탄 피를 녹여 만든 컬링으로 경기하는 영국 병사들

자료 출처: www.sina.com.cn(2017)

라의 컬링 참가자 수에 버금가는 인원이다. 이들 중 몇몇은 프로 컬링 선수로 대회에 나가 상금을 받고 생활한다. 캐나다에서 가장 유명한 전국 컬링 경기는 블레어 남자컬링선수권대회로, 현장 관중은 약 30만 명, 방송 매체를 통한 관중은 400만 명을 넘는다. 캐나다의 컬링 보급률은 매우 높아 어디에서든지 컬링클럽을 볼 수 있다. 캐나다 지역마다 3개의 건물이 있다면 하나는 우체국이며, 다른 하나는 은행이며, 또 다른 하나가 바로 컬링체육관이라는 말이 있을 정도로 캐나다에서 컬링이 얼마나 널리 보급됐는지 알 수 있다(汪宇峰, 2017).

미국은 또 하나의 컬링 대국이다. 캐나다의 이웃 국가이기 때문에 캐나다와 접경한 북방 지역에 컬링이 많이 보급되어 1830년대에 미국에 컬링클럽이 이미 생겼으며 대중의 인기를 끌기 시작했다. 이후 컬링클럽은 미국 대도시 중심으로 우후죽순으로 생기면서 발전하기 시작했다. 1950~1960년대 미국 컬링이 정점에 달하면서 북부 거의

그림 12. 1897년 캐나다 다트머스 항구 컬링 대회

자료 출처: www.sina.com.cn(2017)

모든 주에서 컬링을 시작했고, 국가와 지방에서 컬링협회를 만들게 되었다. 하지만 1957년 시카고에서 열린 제1회 미국 남자컬링선수권대회는 TV로 중계하며 많은 관중을 모았음에도 불구하고 이후 컬링 선수 육성에는 소홀히 했다. 그러면서 야구, 농구, 미식축구 등이 대중적인 인기를 끌면서 청소년의 관심도 집중시켰다. 이후 컬링은 30년간 발전이 늦어졌다. 90년대 컬링이 올림픽 정식 종목으로 채택된 이후에야 미국에서도 컬링에 대한 관심이 다시 불기 시작했으며 선수 양성에 힘쓰게 되었다(汪宇峰, 2017).

2. 컬링의 경기화

근현대 서양 컬링 경기에 대한 자료를 찾아보면, 컬링은 주로 북미와 유럽 등지에서 집중적으로 발전하고 있으며, 그중에서도 캐나다는 컬링의 대중화와 경기 발전에 중요한 공헌을 하고 있다.

표 1. 컬링 발전의 역사적 사건

시기	지점	역사사건
1795년	스코틀랜드	세계 최초의 컬링클럽 설립
1807년	캐나다	유럽 이민을 따라 컬링 유입
1820년	미국	유럽 이민을 따라 컬링 유입
1838년	스코틀랜드	컬링클럽이 첫 번째 시합을 제정
1900년	캐나다	경기규칙의 보완, 점차적 실내 운동으로 전환
1927년	캐나다	제1회 컬링 경기
1955년	아시아	컬링 유입
1959년	캐나다	제1회 세계컬링선수권대회(스카치위스키컵대회)
1966년	캐나다	국제컬링연맹 설립
1968년	캐나다	스카치위스키컵 캐나다 실버브룸 챔피언십으로 명칭변경
1968년	캐나다	제1회 세계 여자컬링 선수권대회
1979년	캐나다	제1회 세계 남·여 청소년 컬링선수권대회
1986년	캐나다	캐나다 실버브룸 챔피언십 세계컬링선수권대회로 개칭
1991년	캐나다	국제컬링연맹, 세계컬링연맹(WCF)으로 명칭변경
1993년	1998년부터 정식 종목으로 채택하기로 IOC에서 결정	

〈표 1〉은 컬링 발전의 역사적 사건들을 정리한 내용이다. 스코틀랜드에서 컬링클럽이 최초로 설립되었으며, 19세기에 스코틀랜드인이 세계 각지로 이주하면서 캐나다, 미국, 스웨덴, 스위스, 노르웨이,

그리고 뉴질랜드 등에 컬링클럽이 보급되었으며 오늘날까지도 크게 성행하고 있다. 1838년 그랜드 칼레도니안 컬링클럽[17]이 스코틀랜드 에딘버러에서 창설되어 컬링 스포츠를 총괄하는 기구로서 첫 번째로 제정한 컬링 규정이 공식적으로 채택되었다. 칼레도니안 컬링클럽은 1843년 빅토리아여왕의 승인으로 클럽 명칭을 로얄 칼레도니안 컬링클럽(RCCC)으로 명칭을 변경하여 오늘날까지 이르고 있다(세계컬링연맹, 2020).

19세기에 유럽과 북미주에서 국제경기 행사들이 열렸던 기록들이 있으나, 1924년 프랑스 샤모니 동계올림픽에서 처음 남자 시범경기가 있었으며, 영국이 스웨덴과 프랑스팀을 이기고 우승을 했다는 IOC 기록이 있다. 이후 1932년 미국에서 열린 레이크 플래시드 동계올림픽에서 컬링이 시범종목으로 개최되었고 캐나다가 미국을 제치고 금메달을 획득했다. 컬링은 1955년 아시아지역에 속속 유입되어 일본, 한국 등에서 유행했다(马旭, 2011). 1959년 제1회 스카치위스키컵 컬링대회가 열렸다. 1986년 세계컬링대회로 정식 이름을 올렸다. 1960년대에 컬링은 북유럽의 스웨덴, 노르웨이, 덴마크를 거쳐 독일, 프랑스, 이탈리아 등지에서 광범위하게 확대되고 있다. 컬링의 체계화, 올림픽 및 국제경기 총괄 등을 위해 국제컬링연맹(ICF)이 1966년 4월 1일 창립되었으며, 1991년 세계컬링연맹(WCF)으로 명칭이 변경되었다. 1988년 캐나나 캘거리 동계올림픽, 1992년 프랑스 알베르빌 동계올림픽에서 남녀 팀들이 참가한 두 번째와 세 번째의 올림픽 시범경기로 채택되었고, 1992년 7월 21일 스페인 바르셀로나에서 열린 IOC

---

17 로얄 칼레도니안 컬링클럽(Royal Caledonian Curling Club, RCCC)은 컬링 역사상 최초로 설립된 클럽이자, 스코틀랜드의 컬링을 주관하는 협회를 말한다.

총회에서 올림픽 공식종목으로 승인되어, 1998년 일본 나가노 올림픽에서 컬링 경기가 정식 종목이 되었다. 2018년 평창 동계올림픽에서 믹스더블 종목이 추가됐다.

2024년 WCF[18]는 68개 정식 회원국으로 이뤄져 있으며 매년 증가하고 있다. 2002년 1월 처음으로 세계 휠체어컬링 챔피언십이 개최됐고, 2006년 토리노 패럴림픽 게임에 휠체어컬링이 포함되었다. 2003년부터 FISU University Games[19]에 컬링이 정식 종목으로 포함된 이래 지금은 많은 국가에서 열리고 있는 스포츠이다.

3. 선행 연구의 고찰

중국에서 컬링에 대한 첫 연구는 궈이농(郭亦农)이 1994년에 발표한 「중국의 컬링 가능성 분석」과 마이(马毅)가 발표한 「컬링 개요」이다. 그러나 실제 중국으로 컬링이 유입된 것은 1년 뒤인 1995년이다. 중국은 일본의 컬링 전문가를 통해 중국에 컬링을 소개했던 것이다. 이에 컬링에 관한 연구는 시기상으로 볼 때 중국 컬링의 실제 중국 유입 시기보다 앞선다고 할 수 있다. 이후 중국의 컬링 관련 종사자와 학자들은 컬링의 규칙, 전술, 운동선수 체력, 예비인재육성과 선발, 부상과 예방, 스포츠맨의 심리적 특징 등 광범위하게 컬링을 이론적으로

---

18 동계 종목인 컬링 경기를 주관하는 국제단체로 1965년 출범한 국제컬링연맹(ICF)이 모태이다.

19 국제대학스포츠연맹(International University Sports Federation), 약칭은 FISU. 1949년에 창설되었다. 유니버시아드의 기원인 학생경기대회는 19세기 초부터 있었다.

연구하기 시작했다.

쉬수에셩(許水生)은 2005년에 「중국과 일본 컬링 경기 예비인재 육성의 비교분석」이라는 연구에서 중국과 일본의 조사를 통해 인재육성 시스템, 예비인력 선발, 연구투입 현황, 코치 대비 등 다각적인 조사연구와 비교를 실시했다. 쉬수에셩은 컬링의 조건이 갖추어진 지역(하얼빈·베이징·상하이 등)에서 컬링클럽을 설립하고 그 수를 늘려 컬링 지식을 보급하고, 고교대표팀을 만들어 훈련 및 경기에 참여하게 해야 한다고 했다. 컬링 기자재 및 설비의 범위를 확대하고, 컬링을 홍보하는 데 힘써야 하며, 대중 스포츠를 문화적인 측면에서 컬링 애호가들을 대대적으로 육성하는 것이 컬링 종목의 발전에 도움이 될 것이라고 주장했다.

장바오쥔(张宝军)과 리홍천(李洪臣)은 2009년에 「중국 동북지역 일부 고교의 컬링 사업 타당성 분석」이라는 논문에서 중국 컬링의 출발이 늦었지만, 발전 속도가 빠르다고 평가했다. 또한 중국 컬링의 보급수준이 낮고, 예비인력이 부족하며, 대중 기반이 약하다는 문제점을 지적하면서 학교가 각종 스포츠 종목의 보급과 발전의 터전이며, 대학에서는 컬링을 펼칠 인재를 갖추고 있으므로 컬링을 중국에서 더욱 발전시키기 위해서는 대학생의 참여율을 제고할 필요가 있다고 주장했다.

왕꽝꾸에이(王广贵, 2011)의 「헤이룽장(黑龍江)성 컬링 예비인재육성 현황의 분석과 대책 연구」라는 논문에서 컬링 예비인재 선발, 훈련, 예비인재, 코칭스태프 상황, 훈련계획 수립 등 몇 가지 분야를 통해 헤이룽장성 컬링 예비인재의 양성 상황을 조사하고 연구한 결과, 과학적인 훈련 강화, 심리적인 훈련 확대, 예비인력 선정 및 언론과의 협력 등의 조치가 컬링 발전에 좀 더 유리할 것으로 전망했다.

리우뚱(刘冬, 2012)의 「빙설자원의 우위 하에 헤이룽장(黑龍江)성 고등대학의 컬링 과정 개설 연구」라는 연구에서 컬링의 고교 내 전개와 보급에 대해 분석했는데, 리우뚱은 주요 관점으로 대학이 컬링의 보급에 가장 적합한 장소라고 했으며 일련의 대체 수단을 채택하여 컬링 과정 개설의 경제 제약 문제를 합리적으로 해결할 수 있다고 했다. 또한, 헤이룽장성의 대학에 컬링 교사가 많으므로 대학에서 컬링 수업을 개설하기에 적합하여 컬링에 대한 지식을 보급하고 컬링 인재를 양성하는 데 유리하다고 했다.

왕치(王棋, 2012)는 「헤이룽장(黑龍江)성 학부대학 컬링 도입의 타당성 연구」라는 논문에서 중국 컬링 보급률의 저조, 예비인력 부족, 대중적인 기반 부족 등을 문제로 꼽으며 헤이룽장성 학부 대학의 컬링 프로그램 도입이 문제를 해결할 수 있다고 했다. 기후·장소·기자재·교사 등의 모든 요소를 막론하고, 헤이룽장성 대학은 컬링 훈련을 할 수 있는 충분한 조건을 갖추고 있으며 비교적 높은 조건적 가치를 가지고 있다고 했다. 헤이룽장성 대학에서 이 프로그램을 개설한다면 학생들의 신체적 자질을 향상시킬 뿐만 아니라, 학생들의 심리 건강, 품성, 적응력 등의 향상에 도움이 된다고 했다. 헤이룽장성 본과대학교에 컬링 종목을 도입하는 것은 스포츠 종목을 하나 더 추가하는 것일 뿐만 아니라 학교 체육의 발전과 대중체육의 발전을 촉진할 수 있어, 결과적으로 컬링 종목을 보편적인 스포츠로 만들 수 있다고 했다.

쉬싱링(徐杏玲, 2014)은 「중국 여자컬링 발전상황 연구」라는 논문에서 중국 여자컬링팀의 발전이 일련의 어려움에 직면하고 있다고 주장했다. 운동 생애의 전환기, "금메달 전략"의 심리적 과부하, 코치 수준의 미달로 인한 중국의 경기력 저하, 예비인력 부족과 대중 기반 취약 등의 요인이 컬링 발전에 부정적인 영향을 끼치고 있다고 했다. 현재 여자컬링 현황을 살펴보면서 우수한 인재를 양성하기 위해서는 컬링클럽을 설립하고, 코치와 감독에 대한 교육을 강화하여 중국 경기 수준을 향상시키고, 합리적인 예비인재 선발 메커니즘을 수립하고 대중적 기반을 확대하여 중국 여자컬링의 발전을 촉진하기 위한 이론적 근거를 제공해야 한다고 제언했다.

천샤오쥐(陈绍卓, 2015)는 「중국 컬링 발전 현황 및 전망 분석」에서 선수 공급원이 단순하며 관리 체제, 비축 인재의 양과 질, 훈련 방안, 과학적인 연구, 대중적인 지원 등에서 상대적으로 뒤처진다고 지적했다.

왕위펑(汪宇峰, 2017)은 「미국 컬링 발전과 그 시사점」이란 논문에서 미국의 컬링은 캐나다와 기원은 비슷하지만, 발전 현황은 캐나다 컬링이 세계적으로 독보적인 것과 달리 미국에서의 컬링은 스포츠 강국의 여러 종목 중 하나의 비인기 스포츠 중의 하나라고 했다. 또한 컬링 경기, 컬링클럽 및 전국 대회, 고교 컬링, 홍보 및 보급, 경비 지원 등 다섯 가지 측면에서 미국 컬링과 비교했다. 결과적으로 중국 컬링의 발전을 위해서는 컬링 경기의 원활한 진행을 위한 관리 체계를 확실하게 세우고 여러 경로로 컬링의 발전자금을 모아야 한다고 했다.

주지아빈(朱佳滨)과 야오샤오린(姚小林, 2018)의 「신시대 중국 동계 스포츠 인재육성 연구」에서는 조화로운 루트를 선택하여 차세대 인재 발전을 위한 지원금을 편성하고, 인재육성의 내용 조정, 인재 유동의 연결 지역 찾기 등을 통하여 2022년 동계올림픽의 발전과 대중 빙설 스포츠 확산을 위한 서비스 도입이 필요하다고 주장했다.

우츄이(吳础怡, 2019)는 「중국 컬링 발전을 제약하는 문화요인 연구」에서 컬링 문화에 대한 오해는 중국 컬링 발전을 제약하는 주요 문화요인 중 하나이며, 냉철한 경기 태도는 중국 컬링 발전을 제약하는 문화요인 중 하나이며, 운동선수들의 교육 수준 제한은 중국 컬링 발전을 직접 제약하는 문화요인이라고 지적했다.

중국에서 컬링에 관한 논문을 연구한 결과, 현재 중국의 컬링에 관한 연구는 다른 스포츠 연구와 비교해 볼 때 그리 낙관적이지 않다. 현재 대부분 컬링의 연구 과제는 동북의 일부 대학과 과학연구기관이 주도적으로 진행하고 있으며, 컬링에 관한 이론적인 조사와 실험이 적다고 할 수 있다. 지금의 연구가 전술 분석, 발전 현황, 경기 분석 등에 집중되어 있는데 이러한 연구는 중국의 현재 컬링을 이론적으로 뒷받침할 수 있지만, 중국 컬링의 발전 전망이나 발전 추세에 관한 연구가 상대적으로 적어 중국 컬링의 발전을 위해 참고할 만한 이론적 배경을 제공하지는 못하고 있다. 또한 대부분 컬링에 대한 충분한 분석과 연구가 이뤄지지 않았다. 그러나 최근 몇 년 동안 중국의 과학기술 수준이 끊임없이 향상됨에 따라 수준 높은 과학연구 인재가 등장했고, 다양한 연구 방법을 통해 컬링에 대한 연구를 진행하고 있다. 이러한 연구를 통해 중국 컬링에 관한 이론과 기술 수준을 끊임없이 향상시켰으며, 중국 컬링이 큰 발전을 할 수 있는 기반을 제공하고 있다.

리쌍링(李双玲, 2017)이 「최근 20년 동안 중국 밖 컬링 연구 핫이슈 평론」에서 중국 컬링 대중화 기본상황을 개괄적으로 정리하면서 현재 중국 컬링 대중화를 저해하는 요인으로 첫째, 컬링 장비가 비싸고 둘째, 컬링 경기장 수가 제한적이며, 마지막에는 보급률이 높지 않고 예비역량도 부족하다고 지적했다. 마지막으로 빙설 스포츠의 발전을 위해 국가가 먼저 기존의 빙상 스포츠의 자원과 장소, 전문훈련기관을 조직하고 육성함으로써 참여 인원을 늘리고, 점진적으로 컬링 인구를 확대하여 컬링을 널리 보급해야 한다고 주장했다.

마쉬(马旭, 2016)는 「올림픽 성공 배경에서 중국 컬링의 발전 연구」에서 중국 컬링의 인재 부족을 분석했다. 중국이 다른 나라보다 늦게 시작했으며 기초인력이 약하고 시설이 취약하다는 점을 직접 지적했고, 컬링에 대한 인식이 높지 않은 데다 경기장의 부족까지 겹치면서 대중컬링의 진척이 늦어지고 있다고 했다. 이는 능력 있는 인재를 양성할 수 있는 성(省)과 시(市)에도 영향을 미치고 있으며 컬링에 대한 대중의 인식 부족으로 훈련과 훈련을 받을 수 있는 사람이 적어 예비인력이 부족한 원인이 된다고 했다. 중국 컬링 인구는 일부 컬링 강국들과는 비교가 안될 뿐만 아니라, 짧은 기간 동안 따라잡기에 어려움이 있기 때문에 중국 컬링은 계획적이고 점진적인 발전이 필요하다. 결과적으로 중국 컬링은 발전이 늦기 때문에 일부 정책이 제대로 추진되지 않아 정책적 도움이 필요하며, 보다 전문적으로 선수를 선발할 수 있는 전문 메커니즘의 도입 등 모든 부분에서 중국이 천천히 배우고 탐구해야 할 부분이다.

차이루허, 리전웨이, 량즈지엔(柴如鶴·李振伟·梁志剑, 2011)의 「중국 컬링 발전 우위 및 제약요소 분석」에서 새로운 관점으로 컬링 코칭스태프에 대해 분석한 결과 코칭스태프의 역할이 매우 중요하다고 보고 평소 훈련부터 경기장에서의 경기까지 선수들에게 긍정적인 영향을 미치며 코칭스태프가 선수들의 성적, 훈련 수준에 결정적인 역할을 한다고 판단했다. 이들의 조사를 통해 기존 코치들이 전문적인 컬링선수 출신이 드물고 대부분 다른 빙상 종목에서 컬링 종목으로 이동한 것으로 나타났다. 가장 중요한 사항은 중국 컬링의 발전이 늦고 많은 전문 지식과 기능이 국제 수준에 이르지 못했기 때문에 이에 관한 연구가 더 필요하다고 강조했다. 기술·전술·선수선발 등을 연구하여 최고의 기술을 익히고, 최고의 컬링 지식을 학습해야 하며, 물을 거슬러 배를 탈 경우 전진하지 못하며 오히려 퇴보하는 것처럼 중국 컬링이 어느 수준에 도달하지 못하면 결국 컬링에 대한 대중의 관심은 사라지게 될 것이라고 지적했다. 또한 논문은 중국 대중들의 인식에서 하계스포츠 종목에 비해 동계스포츠 종목에 대한 인지도가 떨어진다고 지적했다. 중국이 처음으로 동계올림픽에 참가한 1980년 당시 중국 사람들은 동계스포츠에 대해 알기 전에 동계스포츠 종목을 올림픽 경기를 통해 먼저 접하게 되었다. 현재 동계스포츠에 대한 인식이 높지 않고 동계스포츠 종목이 하계스포츠 종목보다 덜 주목받는 것은 동계스포츠에 대한 홍보가 부족하고 대중들의 인지도가 높지 않음을 보여주는 것이므로 동계스포츠 경기장 건설을 늘려 대중들에게 동계스포츠를 알리고 중국 동계스포츠의 선순환을 촉진 시켜야 한다고 했다.

이상의 내용을 종합하면, 중국의 대다수 연구자들의 컬링에 관한 연구의 주요 현황을 살펴보면 다음과 같다.

첫째, 중국 컬링은 비교적 늦은 시기에 도입되어 시설·기술·지식·지도자의 역량 등 모든 것이 뒤쳐져 있다.

둘째, 컬링 경기장이 적고 활성화가 되지 않아 스포츠로써 대중적인 인식이 약하다.

셋째, 컬링선수의 세대 연결이 미흡하여 예비인재의 선발 과정 또한 매우 열악하다.

넷째, 컬링 코치의 전문성에 대한 요구가 채워지지 않고 있다.

이상의 문제는 중국 체육계가 안고 있는 주요 문제로 중국 내 학자들 다수는 이것이야말로 중국이 시급히 해결해야 할 문제로 인식하고 있었다.

III. 연구 방법

1. 연구 설계

중국의 컬링은 비교적 늦은 시기에 도입되었고, 인지도 또한 높지 않은 스포츠 종목이어서 사회, 역사적으로 진행된 선행연구가 부족한 상황이다. 본 연구에서 선정한 각 시대적 구분은 컬링 경기를 중심으로, 선행연구인 홍메이링(洪美玲, 2011), 차이루허, 리젼웨이, 량즈지엔(柴如鶴·李振伟·梁志剑, 2011), 마쉬(马旭, 2011), 리이에, 장쇼유신(李野·张守信, 2015), 마멍디에(马梦蝶, 2021) 등의 연구에서 제시한 시대적 구분을 참고하여 중국 컬링의 도입과 경기화 과정과 중국 컬링 경기조직체계의 발전과정을 나누어 정리했으며 재24회 베이징 동계올림픽을 마친 시대적 배경을 추가하여 다음과 같이 3개의 역사 과정으로 나누었다.

첫 번째 시기는, 중국 컬링의 경기화 과정(1980~2002)으로 중국 컬링의 인식단계이다. 이 시기는 컬링이 중국에 소개되고 컬링이란 종목에 대해 인식하게 되는 과정을 거쳐 경기화로 접어드는 과정이며, 협회와 정부의 기구가 합력하여 중국내 컬링 경기를 유치하고 국제 경기에 참가하기까지의 기초적인 배경이 자리 잡는 과정이다.

두 번째 시기는, 중국 컬링 경기의 경기조직체계 발전 과정(2003~2015)으로 발전단계이다. 이 시기는 중국 컬링팀의 경기성적이 점차 좋아지기 시작하면서 국내 경기 조직도 더욱 체계화되기 시작했으며 중국의 컬링 발전 현황과 중국 컬링 경기의 문제점에 대한 조사 및 연구가 활발했던 시기이다.[20] 이 시기에는 중국의 사회적 분위기에 변화에 따른 영향요인에 대한 분석도 활발하게 이루어졌다.

세 번째 시기는, 중국 컬링의 올림픽 유치 이후(2015~현재)로 전략단계이다. 중국 컬링팀은 2018년 평창 동계올림픽과 동계패럴림픽을 통해 중국 컬링의 가능성을 평가받을 수 있었다. 하지만, 2022년 베이징 동계올림픽에서 개최국 자격으로 자동 출전했으나 아쉽게도 메달을 확보하지 못했다.[21] 그러나 2023년 세계 휠체어컬링선수권대회에서 주최국 캐나다팀을 이기고 챔피언 자리를 지켰다. 현재 중국은 2026년 이탈리아 밀라노와 코르티나담페초에서 분산 개최되는 동계올림픽을 준비하고 있다.

---

20 중국 컬링의 역사는 그리 길지 않다. 중국 컬링팀은 2003년 처음 결성됐다. 2008년 세계 선수권 대회에서 사상 처음으로 은메달을 목에 걸었고 2009년 한·중·일 최초로 세계 선수권 대회에서 우승을 기록하며 컬링 강국으로 자리매김하기 시작했다. 올림픽에서도 한국보다 먼저 메달 소식을 알렸다. 중국 여자컬링팀은 2010년 밴쿠버 동계올림픽에서 동메달을 획득했고 한국은 그다음인 2018년 평창 동계올림픽에서 아시아 최초로 은메달을 땄다.

21 2022년 베이징 동계올림픽 컬링에서 믹스더블 종목에서는 이탈리아가 금메달을, 남자 경기에서는 스웨덴이 금메달을, 여자 경기에서는 영국이 금메달을 차지했다. 아시아에서는 유일하게 일본이 여자 경기에서 은메달을 차지했다. 중국 여자올림픽대표 컬링팀은 주장인 스킵 한위(韓雨)를 필두로 장신디(姜馨迪), 장리쥔(張麗君), 둥쯔치(董子齊)가 참가했다. 세계 컬링 선수권 대회 혼합 복식 2위, 2018년 평창 동계올림픽 4위에 빛나는 왕루이단(王芮擔)은 벤치 명단에 이름을 올렸다.

표 2. 중국 컬링의 경기사 시기 구분

역사적 시기	발전 시기 명칭
1980~2002	중국 컬링의 도입기 (인식단계)
2003~2014	중국 컬링의 발전기 (경기 조직체계 발전단계)
2015~현재	중국 컬링의 도약기 (올림픽 개최를 통한 전략단계)

2. 연구 방법

본 연구는 중국 컬링의 역사적 발자취를 알아보고자 했다. 이를 위해 컬링의 역사를 살펴보고 이를 토대로 중국 컬링의 도입, 현 중국 컬링의 발전과정, 2022년 베이징 동계올림픽의 채택과정과 올림픽 이후 중국 컬링의 전망을 살펴보고자 했다.

1) 문헌 연구

문헌 연구는 사회·문화 현상을 연구하려는 자료수집방법의 하나로, 연구 문제를 해결하기 위해 기존의 문헌 자료를 통해 필요한 정보를 수집하는 방법이다. 기존의 연구 기록이나 역사적인 기록을 비롯하여 각종 서적, 통계자료, 법률자료, 신문이나 잡지와 같은 언론자료 등 기록으로 된 광범위한 자료를 가리킨다. 문헌 연구는 이론연구를 통해 고유한 이론체계를 형성할 뿐 아니라 타 학문과의 이론적 공유를 통해 과학적 학문으로서의 독자성을 갖추고 있으며, 문헌에서 찾을 수 있는 고유 이론에 대한 활용률이 계속 증가하고 있다(김성진, 2004). 본 연구에서는 컬링의 기원과 컬링이 중국에 도입된 배경, 발전과정의 역사적 배경을 알아보기 위해 문헌 연구를 했다. 연구의 객관성을 확보하기 위해 중국 국가체육총국 컬링협회, 국무원[22]과 국가체육총국이 작성한 각종 컬링 관련 자료를 활용했으며, 구글 학술망과 중국지망(CNKI)[23]을 통해 주제어인 컬링, 컬링의 기원, 컬링의 역사 관련 문헌 등을 검색했다. 또한, 중국 컬링에 관련된 잡지, 간행물, 서적, 세미나 자료 등의 기록을 수집하고, 확보한 자료들을 사회사적 접근방법으로 활용하고 정리했다.

2) 영상자료 및 사진자료 분석

연구와 관련한 자료를 이용하여 연구의 타당성을 밝히는 근거로 사용하기 위해 영상자료와 사진자료 분석(Photo Elicitation interview)을 했다. 사진과 영상은 지금까지의 흘러간 시간 속에서 존재했던 현실을 보여주며, 기록이라는 특징과 연관되어 역사와 밀접한 관계를 맺고 있다. 사진자료는 당시의 기록을 통해 현장감을 가감 없이 구체적으로 보여줄 수 있는 가장 객관적인 자료이다. 사진자료는 시각적 자료이며 객관적인 실체로 당시의 시대를 보여준다(박준형, 2013).

사진자료는 역사적 사실을 이해하고 역사적 사고력 즉, 해석력, 탐구력, 비판력을 가질 수 있도록 한다. 또한, 역사적 상상과 역사적

---

22 국무원은 총리, 부총리, 국무위원, 각 부의 부장, 각 위원회 주임, 회계감사장, 비서장으로 구성된 최고 국가행정기관이다. 국무원은 총리 책임제를 시행한다.

23 중국지망(中國知網)은 국가 지식 인프라 개념으로 세계은행이 1998년 제안했다. CNKI 사업은 사회 전반의 지식 자원의 전파 공유와 부가가치 이용을 목표로 하는 정보화 건설 프로젝트이다. 1999년 6월 칭화대학교가 발족했다.

행위에 대한 추체험(追體驗)[24]을 통해 과거를 재현하고 재해석할 수 있으며 역사 사상의 구체화에 도움을 주어 직관적인 사고를 돕는다(한수빈, 2011). 본 연구를 위해 주로 인터넷 검색과 현장 답사를 통해 컬링의 기원과 발전에 관한 사진과 삽화 등을 수집했으며 사진과 삽화 자료 분석을 통해 본 연구의 내용을 충실히 하는 동시에 확실한 근거를 제시했다.

3) 역사 연구

역사 연구는 비교적 장시간에 걸친 사회현상의 변화를 분석하기 위해 역사적 자료를 활용하는 연구 방법이다. 이미 오래전에 지나가 버린 사회현상에 대해 분석하기 위해 당대에 남겨진 고문서, 예술작품 등 여러 가지 기록물들을 검토함으로써 해당 사회현상에 대해 분석할 수 있다(김상욱, 2004). 본 연구에서는 역사 연구의 한 방법으로 역사서술 또는 이해를 쉽게 하려는 방편으로 마련된 범주로 시대구분을 했다. 역사는 지역, 시대, 주제에 따라 구분될 수 있다. 지역에 따른 역사 구분의 예를 들면 한국사, 독일사, 중국사, 동양사, 서양사 등으로 구분하는 것이며 주제에 따른 역사 구분은 역사적인 주도 세력, 사상, 문예 양식, 정치, 사회, 경제 등으로 구분하여 고전주의, 자유주의, 산업혁명 등을 예로 들 수 있다. 시대에 따른 역사 구분은 고대사, 중세사, 근대사 등으로 구분한다.

이러한 역사 구분은 그 구분의 근거가 어디에 두는 지보다 역사

---

[24] 다른 사람의 체험을 자기의 체험처럼 느끼거나 이전 체험을 다시 체험하는 것처럼 느끼는 것을 말한다.

적 설명을 위한 하나의 단계를 뜻하며, 그 단계를 하나의 역사 단위로서 본다. 시대구분을 하여 역사를 연구하는 것은 각 시대에 두드러지게 나타났던 경향성 또는 이념을 이해할 수 있고, 비록 인위적으로 시대구분을 하지만, 역사발전을 이해하는 데 큰 도움이 될 수 있다(고려대학교 문과대학 교수실편, 1979).

본 연구에서는 수집하고 검색한 컬링의 기원과 중국 컬링의 발전에 관련된 서적과 역사 자료를 귀납하고 정리했다. 역사학의 이론을 운용해 중국 컬링의 도입단계와 발전단계, 전략단계로 역사를 구분하여 나누어 연구를 진행했다.

4) 논리적 분석

논리란 옳고 그름을 이유와 근거를 들어 밝히는 수단으로 논리적 분석(Logical analysis)은 주어진 입력자료로부터 원하는 결과나 지식 정보를 얻는데 필요한 과정들을 묘사하거나 결정하는 일이다. 분석철학, 과학철학에 사용되는 분석법으로 현대 수리 논리라는 강력한 도구를 이용해 언어를 분석하고 분석한 내용을 통해 전통적인 철학 문제를 해결하는 방식이다. 현대로 접어들면서 철학자들은 새로운 논리적 기법과 새로운 규칙들을 제공했으며, 라이프니츠(G. Leibniz)[25]는 보편적 언어를 통해 학문 간의 언어장벽을 제거하고 언어제약을 탈피하여 논리적 분석을 촉진하고자 했다(Lewis & Langford, 1959). 일부 학자들은 수학의 모든 개념을 논리학의 개념으로 환원할 수 있다고 했으며 이후 불가능함이 증명되었으나, 그와는 별도로 독자적인 발전은 해왔다.

---

25 독일 고전사변철학(古典思辨哲學)의 창시자

논리적 분석은 타당한 논증과 부당한 논증을 가르는 기준을 제시하고, 문장의 형식과 논증의 형식에 주목하여 타당성을 구별한다.

　본 연구는 1, 2차 수집을 통해 정리한 컬링에 관련된 서적, 학술지, 사진, 동영상 등의 자료를 논리적으로 분석, 귀납, 총화, 비교하고 정리했다. 중국 컬링 발전의 영향요인을 연구하고 최종적으로 결론과 제언을 했다.

3. 연구 절차

　본 연구의 목적인 중국 컬링 경기의 역사적 배경을 연구하기 위해 다음과 같은 절차로 연구를 진행했다.

　첫째, 멘토와 상의하여 본 연구의 주제를 정하고 국가체육총국 컬링협회와 국가체육총국 홈페이지에서 컬링 관련 문헌을 열람했다.

　둘째, 컬링의 기원과 변천을 정리하고 중국 발전에 영향을 준 요인을 정리했다.

　셋째, 컬링이 중국에 도입된 역사적 배경과 중국 컬링의 발전과정 및 현황을 정리했고, 2022년 베이징 동계올림픽에서 중국 컬링의 경기성적을 분석했다.

　넷째, 2022년 베이징 동계올림픽 이후 중국 컬링의 전망을 살펴보았다.

　먼저 문헌 연구와 협회 사무실과 경기장 및 훈련장 등의 현장 답사를 통해 컬링의 기원과 역사 및 중국 컬링 경기의 발전에 영향을 미친 요인 등을 정리했다. 둘째로 중국 컬링 경기의 도입 및 발전에 관한 역사적 자료 및 기록 등을 수집하고 정리했다. 셋째로 2022년 베이징 동계올림픽 이후 중국 컬링 경기의 성적과 앞으로의 전망에 대하여 고찰하고 발전을 위한 제안을 했다.

IV. 중국 컬링 경기의 변천사 발전과정

1. 중국 컬링의 도입기(1980~2002)

1980년부터 2002년까지 20여 년에 걸쳐 중국은 빙설 경기 종목의 교육, 과학적인 연구와 훈련, 예비인재육성 등에 있어 성장을 이루었다. 컬링은 이미 100여 년의 역사를 거쳐 이민 및 문화교류를 통해 대륙으로 컬링이 전파되었고 시간이 흐름에 따라 그에 상응하는 발전 체계를 갖추게 되어 현시대의 국제 경쟁 구도를 형성했다. IOC(국제올림픽위원회)가 컬링을 1998년 일본 나가노 동계올림픽 정식 종목으로 채택하면서 14세기 스코틀랜드에서 시작된 컬링의 세계적인 영향력은 확대되었다. 하지만, 다른 나라와 비교해 볼 때 중국의 컬링 대중화는 아직 멀었다고 볼 수 있다.

북미, 북유럽 등은 이미 컬링의 역사가 오래되었다. 그들은 컬링 경기에 대한 경험도 풍부하고 북미지역인 미국과 캐나다는 컬링에 대한 활동이 매우 광범위하다. 예를 들면, 캐나다의 컬링 인구는 약 120만 명으로 세계 컬링 인구의 90%, 전국에는 1,200여 개의 클럽이 있다. 서스

캐처원주[26]에서 인구의 약 25%가 컬링에 활발하게 참여하고 있으며 매년 컬링에 참여하는 인구는 600만 명이 넘고 캘거리가 1997년 개최한 컬링 리그 관중은 144만 명에 이른다. 컬링은 1979년 여자컬링이 세계 선수권에 등장한 것을 시작으로 1998년 일본 나가노 컬링이 동계올림픽의 정식 종목으로 채택될 때까지 북아메리카와 유럽이 여자컬링 종목에서 메달을 획득했고, 1990년 일본이 컬링선수권대회에 참가하면서 비로소 컬링 국제경기장이 아시아에 최초 설립되었다(王玲, 2020).

중국이 컬링에 관해서 소개하기 시작한 시기는 1980년에 CCTV 청즈밍(程志明) 선생의 저서 『100가지 흥미로운 세계 스포츠』에 소개된 이 스포츠를 '얼음판 돌팔매'라는 의미로 번역했다. 이후 신화통신[27]이 컬링을 '얼음 주전자'로 번역했고, 신화통신의 권위적인 역할로 인하

그림 13. 일본 컬링협회 코치 아부주스의 중국심판 트레이닝
자료 출처: http://www.china.com.cn/(2017)

---

26 캐나다 중남부의 주이다. 남쪽은 미국에 인접하고 있다. 주도 리자이나이다. 넓이 57만 113km^{2}로 인구 98만 9,000명이다.

27 신화통신(新華通信社)은 약칭 신화사(新華社)이다. 중국국가통신(國家通信社)이며 세계적인 통신사이다.

여 컬링이라는 명칭이 오늘날까지 사용되고 있다. 중국이 컬링을 본격적으로 접한 것은 1993년이라 하겠다(柏雯婷, 2015).

1994년 중국 헤이룽장(黑龍江)성이 알파타, 일본 홋카이도(北海道) '북방권'과 교류하면서 일본 홋카이도 컬링협회 스이 히로아키(土居博昭) 회장과 컬링협회 아베 주지(阿部周司) 경기위원장, 캐나다 컬링 전문가 3명이 헤이룽장성 컬링 기자재 2세트를 기증했다(许水生, 2005). 1995년 중국 하얼빈에 문을 연 컬링 강습원은 캐나다 노스앨버타 주 컬링협회와 일본 홋카이도 컬링협회의 도움으로 닷새 만에 처음 중국에 상륙했지만 컬링 관련 장비가 없었기 때문에 당시 강습반의 모든 장비는 캐나다 노스앨버타 주 컬링협회에서 제공했다.

일본 홋카이도 컬링협회는 도이 히로아키 씨와 일본 컬링협회의 A급 코치 아베 주지 씨를 강습반 주임 교사로 파견하여 베이징 헤이룽장성, 랴오닝성, 지린성 등에서 원만한 성과를 거뒀다. 이후 1994년, 1995년, 1996년 3회 연속으로 컬링을 훈련하고 교류했다. 1997년 제8회 동계올림픽이 하얼빈에서 열린 이후 교류가 중단되었다. 1998년 나가노동계올림픽 컬링 두 경기가 TV 중계되면서 컬링의 재미와 관전의 재미가 전국 시청자의 눈길을 사로잡으며 컬링이 대중들에게 제대로 알려지는 계기가 되었다(徐若天, 2017).

컬링은 당시 몇 년 동안 국외에서 전개된 동계스포츠 종목으로, 점차 유럽과 아시아 지역의 일본에서 성행하고 있었다. 컬링은 스포츠 경기, 오락적인 요소가 모두 있으며, 광범위한 대중 운동의 기초를 갖추고 있기 때문에 이미 2002년 동계올림픽의 정식 종목으로 분류되어 있었다. 도입 초기 중국에서는 컬링 경기장의 구조가 단순하고, 기술적인 동작이 쉽고, 제한성이 적은 반면에 박진감 넘치는 경기와 즐길 거리가 많다고 인식되었고 얼음 위에서 펼치는 기교적인 종목으로 중

그림 14. 캐나다 동계스포츠 용품회사의 돈 에드워드

자료 출처: http://www.china.com.cn/(2017)

국의 운동선수가 경기력에서 다른 나라 운동선수보다 우세를 차지하기 쉬운 종목이라고 판단했다(郭亦农, 1994).

중국 정부는 중국에서 컬링을 보편적으로 전개하기 위해서는 빠른 시일 안에 국제적인 경기 수준에 도달해야 한다고 판단하고 중국산 컬링 스톤 및 기타 전용 기구의 연구개발이 반드시 선행되어야 한다고 강조했다. 중국 내 운동팀의 훈련 경기, 체육 교습, 대중 스포츠로서의 수요를 만족시켜야 한다고 했다. 이를 위해 하얼빈체육학원은 헤이룽장(黑龍江)성 체육과학연구소와 공동으로 중국산 컬링 스톤 및 기타 전용 기자재 개발을 진행했으나 중국산 컬링 스톤의 개발에서부터 진행이 막혔다(颜彤丹, 2001).

비록 기자재 개발에는 실패했지만, 컬링 경기에 대한 이해와 진보가 매우 빠르게 진행되어 매년 전국 대회를 개최하여 참가 팀이 끊임없이 증가하게 되었고 중국 컬링의 발전도 촉진시켰다. 그러나 컬링 경기가 거듭될수록 문제점을 발견했고 선수·코치·심판이 경기규칙을 파악하고 재정비하여 컬링에 대한 이해에 집중하기 시작했다.

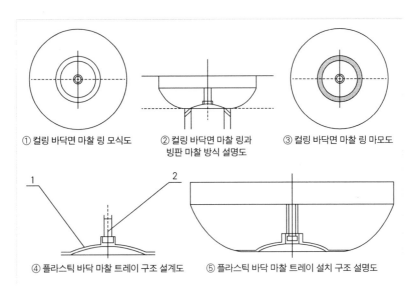

① 컬링 바닥면 마찰 링 모식도　② 컬링 바닥면 마찰 링과　③ 컬링 바닥면 마찰 링 마모도
　　　　　　　　　　　　　　　　빙판 마찰 방식 설명도

④ 플라스틱 바닥 마찰 트레이 구조 설계도　⑤ 플라스틱 바닥 마찰 트레이 설치 구조 설명도

그림 15. 개발 중인 중국산 컬링 스톤의 설계도면
자료 출처: 顔彤丹(2001)

2002년 전국 컬링 경기에서 유사한 문제점이 여전히 존재한다면 이는 중국 컬링의 발전에 불리할 것이라 판단하고 선수, 코치 등에게 경기 규칙과 경기 중 매너 등의 교육을 강화하고 심판들의 업무 수준을 향상시키고자 노력을 기울였다(王珂, 2003).

1) 중국컬링협회의 기구 설치

중국컬링협회는 사회단체의 성격을 띠고 있는데, 공익성을 띠는 사회단체이다. 컬링협회의 기능은 재정집행과 대표선수 선발의 관리권을 가진 "정부 기관"으로 동계스포츠 관리센터[28]이다. 중국 컬링협

28　국가체육총국 동계스포츠 관리센터는 1994년 설립된 국가체육총국 직속으로 중국 동

회는 민정국에 등록되어 있으며 업무 주관 부서는 국가체육총국으로 국가체육총국이 각 항목의 업무를 감독하는 것을 포함하여 활동을 전개하는 분야, 내용, 계획 실행 상황 및 재무 심사 비준 등의 업무를 담당한다. 협회는 매년 말 국가체육총국, 민정국[29]에 보고서를 제출한다. 중국컬링협회는 독립법인을 갖춘 전국적인 대중체육조직이다. 중국 컬링협회는 설립 초에 그 규정을 공포했으며, 그중에서도 중국컬링협회의 임무, 회원, 조직기관, 경비, 텔레비전, 방송 및 광고, 경기, 회기, 휘장 등의 관련 방면에 대해 규범을 진행했다.

그림 16. 제1회 전국컬링선수권대회
자료 출처: 중국컬링협회(2001)

계스포츠를 총괄하는 행정기능을 갖고 있다. 국가의 체육지침 정책에 따라 전국 동계 스포츠의 발전을 조직·지도하고, 종목의 보급과 향상을 촉진하며, 종목의 특성과 시설에 따른 대중 체육활동과 경영 활동을 전개하여 소속 종목의 발전을 위한 재원을 축적하는 것이 주요 임무이다.

29 민정국은 중국 정부 구성 부서로 국가의 민정 사업에 관한 법률, 규제, 정책을 관철하고, 본 시의 지방 관련 법규 초안, 정부 규약 초안을 작성하여 조직하여 실시한다.

중국컬링협회는 단체 회원제를 시행한다. 협회는 각 지역(시·주·맹), 해방군, 각 업종 체육협회 또는 법률·법규로 인정되는 기타 컬링 조직을 단체 회원으로 흡수한다. 각 회원 협회는 관할 내에서 열리는 컬링 행사에 대해 통제권을 갖는다. 중국컬링협회는 위 각 지역이나 시스템에 하나의 컬링협회만 존재할 수 있다고 인정하며, 이 컬링협회는 반드시 상응하는 체육행정관리부서가 허가해야 한다. 통계에 따르면, 현재 중국컬링협회의 등록 회원은 이미 30개가 넘는다. 중국 컬링협회의 경비 출처는 정부 지원, 회비, 기부, 후원, 승인된 업무 범위 내에서 활동하거나 봉사하는 수인, 이자, 기금, 기타 합법적인 수인이다. 동시에 회비의 수수는 국가의 관련 규정에 따른다. 중국컬링협회 경비는 중고가 54.6%에 달해 행정교부금에 의존할 수밖에 없고, 영업 수수는 극히 일부일 뿐이며, 사회헌금이나 기업후원이 거의 없으므로 협회의 정상적인 운영도 '등·위·요' 상태에서 독립적으로 사업을 전개할 수 있는 능동성과 능력을 상실했다.

중국컬링협회의 재무 운영은 1년을 기준으로 안배된다. 동계스포츠 관리센터는 예산과 지출실태에 따라 내부 검토를 거쳐 연차 재무보고서를 국가체육총국에 제출하고 총국이 이를 확인·감독한다. 중국컬링협회는 자체 재무계정을 가지고 있으며, 재무 독립 채산을 실시하지만, 동계 운동센터 재무처에서 이를 통일적으로 관리하고 있다.

2) 중국컬링협회 발전의 전환점

컬링 운동 대회의 성적이 향상되고 관심도가 높아짐에 따라 중국컬링협회는 더욱 많은 정책 지원을 얻게 되었고 이에 컬링의 발전을 위한 기초적인 조건이 점차 완벽에 가까워지게 되었다. 중국컬링협회와 동계스포츠 종목관리센터의 "하나의 기관, 두 개의 브랜드"로서의 관리방식은 사회단체로서의 신분을 약화시키고, 인원 구성이 단일하여 발전 동력이 부족하다는 의견이 대두되었다. 이는 협회 운영이 주로 경기성적에만 집중되고 사회단체로서의 기능을 등한시했기 때문이었다. 이에 중국컬링협회는 점진적으로 독립성을 강화하고 정부의 정책적 지원을 통해 스포츠 종목의 발전을 위한 사회단체로서의 기능을 되살리고자 했다.

첫째, 경기성적의 향상을 위해 선수들의 훈련 환경을 개선하고자 중국 정부 차원의 지원을 강화했다. 국제대회에서 중국의 동계스포츠는 개인종목의 성적이 우수한 반면에, 단체종목의 성적이 상대적으로 떨어졌다. 2009년 중국 여자컬링팀이 세계선수권대회에서 우승한 것은 중국 동계올림픽 단체종목의 첫 금메달이었다(徐杏玲, 2014). 중국 여자컬링팀은 2010년 밴쿠버 동계올림픽에서 연속 3위를 차지했는데, 이러한 성적은 중국 컬링팀에 큰 영예를 안겨 주었을 뿐만 아니라, 사람과 재산, 물자의 지지를 가져왔다. 중국 정부는 중국컬링협회의 요청에 따라 캐나다 국적의 외국인 교사를 초빙하고 컬링의 역사가 유구한 캐나다에서 합숙 훈련을 진행했으며 코치양성기관을 조직하여 선수들이 전문적인 훈련을 받을 수 있게 했다. 또한, 컬링 종목 훈련에 과학기술 투자를 늘리는 등 정부 차원에서 행해지는 일련의 정책 및 자원의 지원은 중국컬링협회의 발전에 좋은 조건을 만들어 주었다.

둘째, 컬링 종목을 지원하는 정부 차원의 정책을 통해 해마다 등록자가 늘고 있다. 최근 몇 년 동안 전국 컬링 등록 인원수는 매년 상승 추세를 보여, 2019년에 276명으로 증가했으며, 동계스포츠 종목의 운동선수 등록 인원수에서도 4위에 올랐다. 등록 인원수의 증가는 중국에서 컬링의 보급률이 점차 강화됨을 나타낸다. 컬링을 이해하고 이

분야에 종사하는 사람들이 갈수록 많아지고 있다는 것은 컬링의 발전 추세가 양호함을 나타낸다고 할 수 있다.

그림 17. 1996년 중국 컬링 교육반 단체 사진

자료 출처: 중국컬링협회(2001)

그림 18. 중국체육올림픽컬링센터

자료 출처: 중국체육올림픽컬링센터 유한공사 홈페이지(2020)

셋째, 정부의 재정적 지원은 컬링의 지역적 한계를 넘어설 수 있었다. 중국의 첫번째 전문 컬링팀은 2002년에 하얼빈시에서 설립되었고, 흑룡강성 컬링팀은 2006년에 설립되었다. 오랫동안 이 두 팀은 국가 컬링 사업을 위해 대량의 우수한 인재를 수송했다. 2006년 상하이시가 정식으로 컬링팀을 조직한다고 발표했는데, 이것은 컬링 종목의 "북빙남이"³⁰ 계획이다. 2012년 제12회 동계운동회 컬링경기의 팀이 9개 팀으로 증가했는데, 동북의 몇 팀 외에도 우루무치, 오르도스, 닝보 역시 팀을 조직하여 시합에 참가했다. 2005년에 중국체육올림픽컬링센터가 건설되어 중국은 정식 컬링 전문경기장을 보유하게 되었다. 2011년 이춘 컬링 코스가 완공되어 컬링 전문 코스가 3개로 늘어났고, 전문 코스도 최초 4개에서 14개로 늘어났다. 이 밖에 베이징시, 창춘시, 상하이시, 난징시, 닝보시의 다목적 실내 경기장들도 필요에 따라 컬링 경기장으로 임시 변경될 수 있었다. 2016년 제13회 전국동계

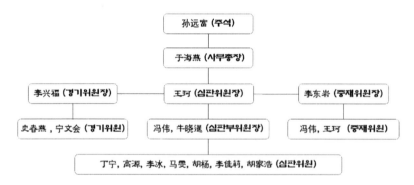

그림 19. 중국컬링협회 조직도

자료 출처: 중국컬링협회(2020)

---

30 1980년대 말 국가 스포츠 주무 부처가 제안했다. 북빙(北氷)을 남쪽으로 이동한다는 의미로 동계스포츠 종목을 따뜻한 남쪽에서도 즐길 수 있도록 하는 프로젝트이다.

운동회가 신장에서 열렸으며, 신장 위구르 자치구에서도 이를 위해 전문 컬링 경기장을 건설했다.

넷째, 경기력 향상을 통해 대중적인 관심도가 높아졌다. 2010년 동계올림픽이 끝난 후 컬링 종목은 진정으로 중국 관중의 시야에 들어왔다. 2011년 범태평양 컬링선수권대회가 난징에서 거행되었는데, CCTV가 대규모로 중계했다. 중국 사람들은 남녀 팀 예선 8경기, 준결승전, 결승전 4경기를 포함하여 모두 12경기를 TV를 통해 컬링의 향연을 즐길 수 있었다. 난징 올림픽센터 현장에도 관중 3만 명 이상이 몰렸다. 최근 세계컬링연맹의 마케팅 파트너인 인프론트 스포츠&미디어[31]가 집계한 2011년 컬링 세계선수권대회 세계 시청률은 6,300만 명이었다. 이 중 중국인이 4,500만 명으로 전 세계 시청률의 71%를 차지했다. 관심도가 해마다 높아지는 것은 컬링 잠재적 보급자, 종사자 집단이 나날이 증가하고 있다는 것을 반영하는 것으로, 이것은 중국 컬링협회의 발전에 매우 중요한 요소라고 할 수 있다.

3) 중국 컬링의 국제 경기대회 참가

20세기 초 캐나다 빙상 동호인들의 노력으로 경기규칙과 방법을 완벽히 정비한 뒤 실외에서 실내로 점차 옮겨 1927년 첫 전국 빙상대회를 열었다. 1959년 스카치위스키컵으로 불리기 시작한 제1회 세계컬링선수권대회는 1968년 캐나다 실버브룸챔피언십으로 이름을 바꿨고 1986년 세계컬링선수권대회로 정식 이름을 올렸다. 아시아지역에는 1955년 컬링이 유입되면서 일본, 한국 등지에서 유행했다. 1924년

---

31 Infront Sports & Media, 스위스의 스포츠 마케팅 회사이다.

컬링이 올림픽에 처음 등장해 1966년 국제컬링연맹(ICC) 총회가 설립되었고, 1991년 세계컬링연맹(WBC)으로 바뀌면서 IOC의 승인을 받았다. 이후 컬링은 1924년, 1932년, 1936년, 1964년, 1968년, 1992년 6차례 올림픽의 시범종목을 거쳐 1993년 국제올림픽위원회 결정으로 1998년부터는 동계올림픽의 정식 종목으로 채택됐다. 아시아에서는 컬링이 제5회 동계아시안게임부터 정식종목으로 채택됐다.

중국은 1999년 일본 아오모리시 부역(아오모리컬링협회 감사) 사토 겐이치(佐藤健一)씨가 하얼빈으로 건너가 '북방권' 시장회의에 참가해 선수를 통합하여 헤이룽장(黑龍江)성 선수와 경기를 치른 것이 중국의 첫 컬링 국제경기였다. 2000년 2월 헤이룽장성 체육국과 하얼빈체육학원, 하얼빈시 체육위원회는 남자팀 1개 팀과 여자팀 2개를 일본 아오모리시로 파견해 일본 동북지역 컬링 오픈과 나가노 동계올림픽 기념대회에 참가시켰다. 중국이 2000년대에 일본과 세 차례 상호 방문하며 우호적인 교류를 하면서 하얼빈시 체육위원회는 2001년 중국 최

그림 20. 첫 국제컬링대회 참가 사진
자료 출처: baidu.com(2020)

초의 컬링 전문팀을 만들어 체계적인 훈련을 시작했다. 2002년에 국가체육총국에서 컬링을 제10회 동계체전의 정식 경기 종목으로 채택하면서 각 지역에서 컬링선수 육성에 적극적으로 참여하기 시작했다. 2002년 4월 6~14일 미국에서 열린 세계컬링연맹 총회에서 중국은 세계컬링연맹 회원국이 되었고 국제대회에서 경기성적을 향상시키기 위한 재정비에 돌입하기 시작했다(許水生, 2005).

4) 소결론

중국 컬링 도입기는 다른 나라에 비해 늦은 출발이었기 때문에 환경과 프로그램 등에서 매우 뒤처져 있었다. 종목의 특성상 보급률이 높지 않았고 당시 기술로는 컬링을 할 수 있는 장소와 설비가 매우 제한적이었다. 중국컬링협회는 정부 기관의 성격을 가지고 성, 시 등의 회원 협회를 관리하며 발전을 꾀했고 하얼빈시가 일본과 교류하며 참가한 첫 대회를 시작으로 정식으로 컬링팀을 창단했으나 전폭적인 지지를 받지 못했다. 이 시기는 국제무대에서 좋은 경기성적을 얻기 위해 재정비가 필요한 시기였다.

2. 중국 컬링의 발전기(2003~2014)

1) 중국 컬링 경기 조직의 발전과정

2002년 중국컬링협회가 설립되면서 컬링은 중화인민공화국 제10회 동계체전의 정식 종목으로 채택됐고, 그해 4월 세계컬링연맹 회원이 되었다(袁林, 2009). 1998년 컬링이 동계올림픽 정식종목으로 채택됨에 따라 아시아에서도 "범태평양컬링연합회"의 컬링 조직을 설립했고, 중국의 일부 지역에서도 점차 이 운동을 전개하여 2000년 국가체육총국은 컬링협회를 설립할 것을 결정했다. 이후 2002년에 중국컬링협회가 정식으로 설립되었고 같은 해부터 중국은 대표팀을 파견하여 범태평양 컬링선수권대회에 참가하기 시작했다. 중국 컬링협회의 설립은 중국의 컬링이 가능한 빨리 올림픽과 아시안게임에 참가할 수 있도록 하는데 도움이 되었고, 국제컬링연맹과 범태평양 컬링연합회 등 국제기구와 연계하며 중국 컬링이 빠른 속도로 발전할 수 있도록 촉매의 역할을 했다(陈千山·许水生, 2006).

2002년부터는 중국의 컬링 종목이 고속 발전했던 시기로 중국 컬링 선수들은 끊임없이 세계 각 대회의 경기장에서 두각을 나타냈다. 2002년 제12회 범태평양 지역 컬링선수권대회 남자 5위, 여자 5위를 시작으로 2005년 범태평양 지역 컬링선수권대회 여자 2위, 2006년 범태평양 지역 컬링선수권대회 여자 우승, 2008년 컬링 세계선수권대회 여자 준우승을 했다. 2010년 동계올림픽 컬링에 처음 출전해 여자부 3위, 2014년 소치 올림픽 중국 여자컬링 7위, 2018년 평창 올림픽 여자부 5위의 성적을 거두었다(王玡, 2020).

중국 남자컬링은 2009년, 2011년, 2012년, 2014년 범태평양 지역 컬링선수권대회에서 우승했고, 2008년 세계컬링선수권대회 4위, 2014년 소치동계올림픽 4위를 했으며, 2018년 중국 휠체어컬링 팀은 평창패럴림픽에서 중국 컬링의 첫 올림픽 금메달을 획득했다. 2014년 중국은 처음으로 세계 남자컬링 선수권대회를 개최했으며, 2017년에는 세계여자컬링선수권대회를 개최했다. 그해 제6차 세계컬링연맹 회의에서 4년마다 선수권대회를 개최하기로 결정했고, 결승전

그림 21. 2009년 동계 유니버시아드대회 여자컬링팀 기념사진

자료 출처: 중국컬링협회(2012)

을 베이징에서 개최하는 한편 아시아 지역의 대회 2개를 중국에서 개최할 정도로 중국의 컬링 발전은 세계적으로 인정받았다.

2) 중국 컬링의 선수 훈련 발전과정

대표팀 컬링 훈련용 기자재는 캐나다, 스코틀랜드 등에서 주로 수입해 사용하기 때문에 매우 고가의 제품이다. 컬링 브러시, 컬링화, 트레이닝복 등 일부 기자재는 중국에서도 생산이 가능하지만, 품질과 브랜드 인지도가 높지 않고, 핵심 기구인 컬링 스톤의 생산은 중국에서 불가능한 상황이라 전적으로 수입에 의존하고 있다. 컬링의 도입기에 중국에서 컬링을 보편적으로 전개하려면 국제적 경기 수준을 따라잡아야 한다고 인지하고 국산 컬링 및 기타 전용 기구의 연구개발을 시도했다. 하얼빈체육학원이 헤이룽장(黑龍江)성 체육과학연구소와 공동으로 국산 컬링 및 기타 전용 기자재 개발을 진행했으나 원재료수집의 한계 등을 이유로 자체 개발을 포기했고, 선수들의 훈련 환경의 개선을 시도했다. 하지만 이러한 환경개선의 시도마저도 컬링의 경기성적이 다른 동계스포츠 종목의 경기성적에 미치지 못하여 뒤로 밀리는 상황이 반복되었다. 컬링 대표팀 코치와 선수들은 현재 중국 컬링의 훈련장 부족이 심각해 제대로 보장받지 못하고 있으며, 전국에 컬링 전문 코스가 거의 없고 컬링 훈련장이 부족해 대표팀의 훈련과 경기에 지장을 초래하고 있었다. 국제경기의 성적이 비교적 양호한 여자컬링팀은 경기를 위해 매년 유럽과 캐나다로 건너가 훈련하고 대회에 참가하는 현실이었다. 이러한 불편함을 위해 중국체육올림픽컬링센터를 건설했고, 완공된 후 본격 운영에 들어가면서 필드 부족 현상은 일단 해소되었다. 하지만 시설의 운영을 위해 대외 경영을 담당하고 유지해야 하는 점을 감안할 때 일반인들의 사용과 A매치 훈련 사이에 갈등이 있어 필드 부족 문제는 여전히 해결되지 않고 있다(谭虹, 2011).

컬링 필드를 보충하기 위해 2005년 베이징 화이유구(怀柔区)[32]가 세운 아시아 최대 컬링 전문 대회와 텐탄(地壇)공원 인근의 베이징시 유일의 컬링클럽이 있지만, 아직도 중국 전국에 컬링 경기장은 손에 꼽을 정도다. 하얼빈(哈爾濱)에 있는 2개소의 컬링관은 코스가 두 개만 있을 정도로 규모가 작다. 상하이(上海)시에 세워진 1개소의 컬링체육관은 국가동계올림픽 경기 종목의 예비 훈련 장소로만 활용되고 있다. 치치하얼은 2007~2008 시즌 전국컬링선수권대회 개최로 임시 컬링장을 개축하기도 했고 창춘시는 2007년 제6회 동계아시아경기 개최

---

32 베이징시의 구역으로 옌산 남쪽 기슭에 위치해 있으며, 베이징시 동북부에 위치하고있다. 전체 면적 2,122.8km²로 동쪽으로는 밀운구에 접해 있으며, 남쪽으로는 순의구, 창평구와 접해 있으며, 서쪽으로는 옌칭구와 경계를 이루고 있고, 북쪽으로는 허베이성 츠청현, 펑닝만족자치현, 환핑현과 접해 있다.

를 위해 창춘시 스케이트장을 컬링 경기장으로 리모델링 했으나 운영난 등의 문제로 동계아시아 경기 후 철거한 바 있다. 중국이 컬링 전문 훈련과 경기장으로 활용할 수 있는 곳은 턱없이 적은 동시에 대중이 컬링을 즐길 수 있는 공간이 매우 드물었다.

그림 22. 2011년 퍼시픽 컬링선수권대회 여자컬링팀 기념사진
자료 출처: 중국컬링협회(2012)

그림 23. 중국 이춘컬링관
자료 출처: 이춘컨벤션 센터 홈페이지(2023)

컬링이 오래전부터 민간인들 사이에서 즐겨오던 유럽이나 북미 국가와는 달리 비교적 늦은 시기에 접하게 된 중국은 컬링 전문 인재가 부족하며, 인재양성 메커니즘도 낙후되어 있었다. 외국 컬링팀과의 교류를 통해 여러 번 컬링지도자 양성을 위한 교육을 실시했지만, 선수들의 양성에 직접적인 영향을 미치지는 못했다. 컬링 국가대표팀 선수들은 동북 지역에 위치한 하얼빈 체육학교, 스포츠팀 및 헤이룽장성 스포츠팀에서 선발되었는데, 이들 선수 대부분은 다른 스포츠 종목에서 선발된 선수들이었다. 컬링 선수를 선발할 때 선수 개인의 특징이나 종합적인 자질 등을 진지하게 고려하지 않았기 때문에 컬링 선수와 코치의 능력 향상이 절실히 요구되었다. 컬링은 기술과 전술에 대한 요구가 매우 높은 스포츠로, 중국은 컬링을 이해하고 컬링을 잘 아는 사람이 아직 매우 적었다. 남방 각지에서 컬링을 개발할 때, 인재의 결핍은 더욱 심각한 수준이었다. 이에 중국컬링협회는 선수의 경기력 향상과 코칭스태프의 능력 향상을 위해 외국인 코치를 초빙하여 앞서 있는 선진훈련기술과 경기운영 능력 등을 배우고자 했다. 하지만 선수와 외국인 코치, 외국인 코치와 중국 감독이 기술을 교류하는 과정에서 의사 소통이 원활하지 않아서 서로 간 생각의 전달이 정확하게 이루어질 수 없는 상황이 반복되었다. 따라서 선수들의 외국어 교육에 투자를 늘리고 정기적인 교육을 통해 선수와 코칭스태프의 문화적 포용력과 어학 능력 등을 향상시키고자 했다. 전문 운동선수들의 생활 습관과 지적 수준을 높이기 위해서는 기본적인 학습 능력이 요구되었고, 학습과 훈련을 병행할 수 있는 제도적 보완과 인식의 전환이 필요한 실정이었다. 또한, 컬링 경기력의 빠른 발전을 위해서는 전문 트레이너, 심판, 제빙사가 필요한데, 이 시기에는 모든 면에서 부족한 상황이었다(张宝军·李洪臣, 2009).

3) 중국 컬링의 예비인재육성 과정

(1) 예비인재육성 모델

중국은 컬링이 늦게 시작되었고 기반 시설이 취약하여 컬링의 예비인재를 양성할 수 있는 성(省)과 시(市)가 거의 없는 데다 컬링 훈련과 육성을 받을 수 있는 인원이 적어 예비인재육성이 집약화할 수 없었다. 캐나다와 비교하면 그 격차는 분명해 보여 당분간 좁혀질 수 없었다. 또 컬링원에 대한 메커니즘이 아직 탐색 단계에 있었음으로 메커니즘의 미비로 인해 잠재력을 갖춘 인재들이 대거 유출되거나 낭비되고 있는 것도 중국의 인재 부족의 주요 원인이 되고 있다. 예비인재가 부족하기 때문에 중국 컬링의 발전은 필요한 추진력이 부족하다고 평가되었고 매우 쉽게 수평적인 하락을 초래하여 지속적인 발전을 실현할 수 없었다(王广贵, 2011).

그림 24. 상하이시 화동모범중학교 컬링훈련장
자료 출처: 상하이시 화동모범중학교 홈페이지(2020)

아직도 '거국체제(舉国体制)'³³의 장기적 영향을 받는 중국 컬링의 특성상 상대적으로 발달한 헤이룽장(黑龍江)성과 지린(吉林)성 등 지역에서는 '거국체제'에 따른 프로 스포츠팀 모델이 컬링 인재양성의 주류를 이루고 있다. 경제가 발달하면서 최근 컬링 보급이 비교적 빠른 베이징과 상하이 지역에서는 컬링 예비인재육성의 새로운 패러다임을 모색했다. 예를 들면, 중국 정부가 스포츠 서비스를 위탁 육성하거나 민간이 자발적으로 조직해서 만든 클럽을 지원하고, 대학과 초·중·고교가 컬링 아마추어 훈련을 함께하는 상하이 특색인 '체교결합' 방식을 총동원하여 체계적이고 다층적으로 스포츠 인재양성을 시도했다. 2010년 이후 중국은 체육 개혁의 큰 배경 하에 각 종목이 새로운 패러다임을 추구하는 전환 과정 중에 여러 종목이 프로경기화 되기 시작했다. 하지만 '체교결합'의 모델이지만 겨울 종목인 컬링은 새로운 형태의 다양한 육성 모델을 채택하는 사례가 드물었다. 상하이는 1990년대 중국의 '북빙남전' 조치 하에 가장 먼저 컬링을 보급한 선진 도시로 기존의 프로 스포츠팀 인재양성과는 전혀 다른 방식을 채택하고 있었다. 일반 대학은 정규 교육을 받고 정상적으로 진학한 학생 중에서 컬링에 적합한 학생 중에서 운동선수를 선발했다. 학생들이 정상적인 대학입시를 통해 대학에 들어와 대학 운동팀에 참여하게 된 학생들로 대부분이 컬링에 대한 기초가 아예 없다는 문제점이 있었다(譚虹, 2011).

상하이시는 2012년부터 학생들에게 컬링 운동을 홍보하기 시작

---

33 '舉国体制'는 국익을 최우선으로 하여 국가체육관리기구가 전국적으로 관련 자원과 역량을 총동원하고, 국가가 비용을 부담해 우수한 코치와 소프트하드웨어를 배치하며, 재능 있는 우수 스포츠인을 올림픽 등 국제 스포츠 대회에 참가시켜 다른 나라와의 경쟁에서 우수한 경기성적을 내기 위한 전략적 스포츠 제도이다.

그림 25. 상하이시 화동모범중학교의 컬링 훈련 지도 모습
자료 출처: 상하이시 화동모범중학교 홈페이지(2018)

했으며 컬링을 특화 스포츠와 확장 수업으로 중·고교생들에게 널리 보급하고 있다. 상하이시는 시설이 갖춰진 학교를 중심으로 컬링을 매주 금요일 오후 취미에 따라 특화 프로그램으로 운영하고 있다. 학교에서는 컬링 동아리를 운영하고 있으며 동아리 회원인 학생들은 등록 선수가 되었다. 초창기 상하이시 청소년훈련관리센터에 등록된 컬링 선수가 39명까지 늘어났으며 그중 절반 가까이가 여학생이다. 청소년 훈련관리센터의 관계자들은 계속적인 컬링의 발전을 위해 노력하고 있다. 상하이시의 컬링지도자인 쉬후이(徐汇)는 앞으로도 컬링을 특화 스포츠와 확장적 수업으로 운영해 전학교의 중·고교생에게 보급하고, 하드웨어와 소프트웨어적으로 표준화된 컬링장이 지속적으로 최적화에 가까워지도록 노력할 것이라고 했다(上观新闻, 2020).

본 연구에서는 중국의 컬링 인재양성 모델을 구체적으로 소개하기 위해 2003년부터 중국 정부 정책의 영향으로 컬링의 인재육성에 변화를 주기 시작한 베이징, 상하이, 창춘, 하얼빈 등 4개 지역으로 이동하여 10여 개 컬링팀을 방문했다. 중국 컬링 인재양성을 총체적으로 다음의 〈표 3〉과 같이 3가지 모델로 분류하고, 경기체육조직 형식의 '선수 선발', '운동 훈련', '스포츠 경기', '경기체육 관리'의 4가지 요소를 분류하여 육성 패턴을 분석하고 3가지의 전형으로 소개했다(陈绍卓, 2015).

표 3. 중국 컬링 예비인재육성 모델

구분	프로 스포츠팀 모델	상하이 특색의 '체육학교결합' 모델	클럽 모델
선수 선발	초보 아마추어 체육학교 성시(省市)급 경기체육학교 성시(省市)급 실업팀 3국 훈련망 활용 선수 양성 및 캠프 형식으로 선발	학생의 학습 성적과 신체적 자질을 근거로 선발 시범훈련과 심사를 통과 후 컬링팀에 등록 취미에 따라 컬링클럽 선택 과목 사이 이동 가능	사회의 자의적인 신청 클럽은 기초적인 지도와 취미 계도만 담당 실질적인 선수 선발은 하지 않음
운동 훈련	종일 훈련 하얼빈 최초의 컬링 훈련 방식을 적용 기술 훈련과 평가전을 병행	학업 우선의 원칙에 따라 훈련 배치가 비교적 원활 월요일부터 금요일까지 5차례 저녁 훈련을 개인별로 선택하여 참가 모든 선수는 일요일 오전과 오후 두 차례의 평가전에 필수 참가	청소년 선수들의 컬링에 대한 흥미를 키우는 위주로 저녁 시간대에 훈련 초·중·고교의 낮 수업 만족 수준별 훈련은 중급반과 초급반으로 나눠 진행 청소년 선수의 흥미 유발
스포츠 경기	중국 내 최정상	프로 스포츠팀의 경기력에 미치지 못하지만, 팀워크가 뛰어남	아마추어나 세미프로급 컬링 대회에 우수 유소년 백업선수를 팀을 이뤄 출전 아마추어 클럽으로서 성적에 구애받지 않음
경기 체육 관리	성·시·현지의 체육국 산하에 설치된 동계스포츠 관리센터에서 직접 관리	상하이시 교육위원회 상하이시 체육국 상하이 대외경제무역대학 3자가 공동으로 설립 이사회 지도하의 학교 관리제를 시행 비용은 다자간 합작으로 운영되는 상하이시 교육위원회와 체육국, 학교가 공동으로 부담	보통 성·시·현지 체육국 겨울관리센터나 현지 컬링협회가 관리 지도

① 프로 스포츠팀 모델

프로 스포츠팀 모델은 중국 최초의 컬링 선수양성 모델로 오늘날까지 중국 컬링은 예비인력부터 수준 높은 운동선수까지 가장 보편적인 양성 모델이다. 이런 가운데 지방성 시·도의 컬링 체공팀은 지역 프로 스포츠팀으로서 현지 성·시·체육국 산하 동계스포츠관리센터의 직접 관리를 받는다. 최상위 국가 컬링훈련팀을 제외한 프로 스포츠팀은 성·시·체공대, 성·시 체육학교 등 두 가지 방식으로 세분화해 중국의 전형적인 3급 훈련망을 형성하고 있다. 초급 아마추어 체육학교인 성시(省市)급 체육학교인 성시(省市)급 체공대를 육성하는 차원이다(柏雯婷, 2015).

컬링의 경우 현재 국가대표팀 선수들은 100% 프로 스포츠팀에서 배양하고 있다. 중국 컬링의 예비인재육성에 있어 프로 스포츠팀 모델이 갖는 중요한 가치와 의미가 반영된 것이다. 중국 컬링 프로젝트의 발전과정에서 그동안 거둔 성과와 수확의 경험에 비추어 보면 전체적으로 이 같은 육성 모델이 이어졌다. 비록 이런 모델은 현실적인 발전의 많은 병폐를 낳고 있지만, 한편으로는 예비인재육성에 대한 가치를 인식하고 발전 방법을 견지해야 한다. 다른 한편으로는 새로운 패러다임을 도입하고 이것의 다양한 장점을 충분히 수용하여 이를 개선해야 한다(陈绍卓, 2015).

그림 26. 2017년 일본 삿포로 아시아경기 남자컬링 준결승전
자료 출처: 중국컬링협회(2018)

② 상하이 특색의 '체교결합(體敎結合)'모델

'체교결합'[34]은 말 그대로 체육과 교육을 결합하고, 후방 인재양성 차원에서 교육시스템과 체육시스템의 연동을 통해 자원 공유와 강점을 상호 보완하는 것으로, 주요 표현 형태는 대학이다. 중학교와 초등학교의 교육시스템은 학교의 우수한 자원에 의해 체육 능력을 배양한다. 문화적 소양이 뛰어난 학생 운동선수, '거국체제' 하에 프로 스포츠팀이 양성하는 전문 운동선수와 고교에서 이름을 내걸고 문화 수업에 사실상 참여하지 않는 운동선수 학생과는 구별된다. 문화지식 학습과 운동프로그램 훈련을 결합한 인재양성 시스템을 갖춘다. 국가가 스포츠 캠퍼스를 적극적으로 장려하는 정책 아래 스포츠 인재양성의 주요 트렌드로 '체교결합'이 자리 잡을 것으로 보인다. 중국 상하이에

---

34 '체육교양결합'은 새로운 역사적 조건 아래에서 학교 체육업무 강화, 인성교육 추진, 청소년 훈련 촉진, 국가적인 고품질 노동자 양성 및 우수 체육 예비인재육성을 위한 새로운 중요한 조치이다. 체육·교육 등의 자원을 통합하여 실시하는 인재양성 전략의 중요한 조치로 체육·교육 사업의 가장 근본적인 양성 목표를 구현하고 인재양성의 내적 요구에 맞춘다.

서 컬링 인재양성의 특색인 '체교결합' 모범 학교는 상하이시의 상하이 대외경제무역대학·상하이 쉬후이구 청소년체육학교가 대표적이라 할 수 있다. 교육시스템의 인간 육성을 중심으로 운동선수들의 전반적인 발전을 중시하고 학교 수업에 지장을 주지 않는다는 원칙으로 방과 후 시간 컬링 프로그램을 운영하고 있다. 2016년, 이 프로그램에 참여한 경험이 있는 상하이 청소년은 3만 명이 넘는 것으로 집계됐다.

학생운동선수들은 문화 수업의 체계적인 학습과 운동프로그램의 전문훈련을 통해 수준 높은 운동팀을 소학교부터 대학교까지 만들어내어 운동선수 양성의 문화교육과 경기훈련이 충돌하는 난국을 타파하고 있다. 컬링 종목에 대해 말하자면, 상하이 특색의 '체교결합'의 예비인재육성 모델은 파격적인 가치와 의의를 가지고 있다. 반복적인 훈련을 하여 몸을 최상의 상태로 유지하지만 컬링 종목은 전통적인 종목과 구별되는 특수성을 가지고 있다. 체력과 지능에 대한 종합적인 요구가 똑같이 중요하며, 기량은 둘 다 중요하다. 기본 기술을 익힌 후에는 다양한 방식으로 훈련할 수 있다(王广贵, 2011).

그림 27. 2019년 상하이 대학생 컬링선수권대회 기념사진
자료 출처: 상하이 대외무역대학 홈페이지(2020)

컬링 훈련은 강도 높은 체력 훈련만을 중시하지 않고, 컬링의 기량, 팀워크, 심리조절에 대한 선수들의 깊은 이해를 키우는 데 중점을 두고 있다. 상하이의 특색 있는 '체교결합'인 예비인재육성 방식과 컬링이 잘 맞아떨어진다고 할 수 있다. 상하이 대외경제무역대학이 중국 학교 스포츠에서 예비인력을 양성할 수 있는 길을 모색하려는 것은 전면적인 모델 혁신 추진의 파국이라는 점에서 의미가 크다. 상하이의 특색 있는 '체교결합' 모델은 상하이 대외경제무역대학 빙상팀이 대표한다. 상하이 대외경제무역대학은 상하이시 쑹장구(松江区)에 위치하고 있으며 상하이 쑹장 대학 7개 중 하나이다. 컬링은 국가 간 '북빙남전(北氷南展)'의 전략에 따라 상하이(上海)시 원교(院校)에서 빙상스포츠를 벌이는 쇄빙(破氷) 종목이 됐다. 상하이 대외경제무역대학 컬링팀은 2012년 2월에 설립되었다.

　　상하이시 교육위원회, 상하이시 체육국, 상하이 대외경제무역대학의 3자가 공동으로 설립하고 이사회 아래 학교 관리제를 실시했다. "스포츠를 교육으로 복귀시켜 '체교결합'의 새로운 패러다임을 만들자."라는 멘토링으로 '운동팀-클럽(동아리)-선택과목'의 컬링 인재양성의 연결고리를 구성했다. 자율적이고 다원적인 대학스포츠 이념을 키워 대학스포츠의 흥미, 신체 단련, 전문성을 부각시켰다. 대학스포츠팀은 '체교결합'을 통해 청소년 학생층을 컬링에 더 많이 참여를 유도했다. 컬링 예비인재육성은 상하이 대외경제무역대학이 독보적이었는데, 컬링팀이 창단된 지 5년 안에 상하이 특색의 '체교결합' 컬링 예비인재육성 모델이 만들어졌다. 이런 '체교결합'이라는 특색 있는 모델은 상하이 대외경제무역대학이 2009년 '삼원일체'의 체육교육 모델을 기초로 한다. 컬링팀·컬링클럽(동아리)·컬링 선택과목을 유기적으로 통합해 체육교육의 범주에 포함시키고, 컬링을 체육 활동의 장으로 마련했다. 컬링 종목에 대한 흥미, 신체적 소질, 기술 수준 등에 따라 학생들이 선택하고 이동할 수 있는 비교적 완전한 학교 체육 시스템을 구성하여 학교 체육 시스템의 합리성과 과학성을 높였다(柴如鶴·李振伟·梁志剑, 2011).

상하이 특색의 '체교결합' 모델인 컬링 예비인재육성 목표는 경기 성적에 대해 강조하지 않고 프로 스포츠팀의 경기력에 미치지 못하지만, 스포츠 경기를 중시하지 않는 것은 아니었다. 상하이시와 중국을 대표하여 나간 지난 경기들을 살펴보면 우수한 성적을 거뒀다. 전국컬링선수권대회 3위, 전국컬링선수권대회 5위를 차지한 적도 있었으며, 상하이 대표로 참가한 제13회 전국동계체육대회 컬링 경기에서 7위를 차지했고, 해외에 나가 세계 컬링 투어 시합에 참여하기도 했다. 제26회 이탈리아 세계 동계유니버시아드 경기에서 여자팀이 개최국 이탈리아 팀을 이기고 9위를 차지하기도 했다(徐杏玲, 2014).

사실, 상하이의 특색인 '체고결합' 모델의 컬링 예비인재는 프로 스포츠팀이나 클럽 모델보다 컬링 경기에 대한 의존도가 더 높다. 상하이 대외경제무역대학과 쉬후이구 체육학교의 컬링 훈련방식에서 분명히 알 수 있듯이 상하이 특색의 "체력교육결합" 양성 모델의 문제점은 빙상 훈련 시간이 비교적 짧다는 데 있다. 학생들은 학업 때문에 훈련 시간과 효과를 완전히 보장할 수 없다. 그러므로 경기 참여는 선수들의 흥미와 투지를 불러일으키고, 선수들이 컬링에 더 몰입할 수 있도록 하고 경기에 참가할수록 선수들은 훈련의 전술적인 문제들을 빨리 발견할 수 있다. 상하이 특색의 "체력교육결합" 모델과 클럽 모델의 예비인재육성이 청소년인 학생 운동선수의 특수성을 충분히 인식하여 효과적으로 반영할 수 있다. 훈련 일정은 융통성을 발휘하여 효율적으로 세우는데 "시합대행훈련"의 형식을 주로 채택하여 평일 훈련양의 결핍을 보완하고, 동시에 시합으로 기본 훈련의 성과를 피드백할 수 있다. 하지만, 훈련은 비전문적이고 체계적이지 못한 잠재적 문제가 존재하며 이러한 문제들은 학생 선수가 기술력이 향상하는 데에 제약될 수 있다(李野·张守信, 2015).

③ 클럽 모델

1990년대부터 중국의 축구, 농구 등 스포츠는 프로화를 위한 시험적 탐색과 개혁이 전개되었는데, 이 과정에서 점차 새로운 스포츠 팀 모델, 즉 클럽 모델을 탄생시켰다. 프로 클럽은 운동경기의 수준을 향상시키는 것을 최종 목표로 한다. 이 점은 프로 스포츠팀과 비교적 같지만, 이러한 모델은 사회 역량을 끌어들일 수 있고, 중국 선수 양성 과정 중 필요한 경비 문제를 해결할 수 있으며, 경제적인 외적 지원으로 선수들이 훈련에 더 집중할 수 있도록 했다.

세계 컬링 강국에 비해 중국 컬링클럽은 주로 자발적으로 만들어진 아마추어와 세미프로 클럽이 주를 이루는데 프로 클럽과는 큰 차이가 있다. 이 클럽들은 비영리 단체나 영리 단체로서 클럽의 원래 목적과 발전과정에 따라 형식이 다른 체육 조직이라 볼 수 있다. 베이징시 컬링팀을 대표하는 베이징 센추리스타클럽과 같은 체육 조직이 있는 반면에 헤이룽장성 순스전컬링클럽[35]과 같은 체육 조직도 있다.

베이징 센추리스타클럽 컬링팀은 베이징시 체육국의 체육 공공 서비스 지원 조치와 '베이징시 인민 정부의 빙상스포츠 발전 가속화에 관

---

35 중국의 컬링 애호가들의 요구에 순응하여 중국컬링팀의 은퇴 운동선수들이 2004년에 발기하여 2011년 8월에 정식으로 등록하여 설립한 클럽이다. 컬링 전용장 2개, 레저전시관, 오피스텔, 라커 라운지 등 하드웨어가 갖춰져 있고 국내 코칭스태프가 따로 있다.

그림 28. 베이징 센추리스타클럽 컬링팀 훈련 모습
자료 출처: 베이징 센추리스타클럽 홈페이지(2017)

한 의견(2016~2022)[36]에 따라 설립되었다. 사회적 역량과 함께 전문 빙상스포츠팀을 구성해야 한다는 기초 위에, 베이징시 체육국은 2016년에 센추리스타클럽과 합작하여 체육 서비스를 지원하는 형식으로 클럽에 위탁하여 컬링 구성원을 양성하게 하고 팀은 베이징시 컬링팀 자격으로 대외경기에 참가하게 했다. 관리 방식, 경비 출처 및 등록 방식에 차이가 있을 뿐만 아니라, 코치와 선수가 보편적으로 헤이룽장성과 지린성의 컬링 프로 스포츠팀 출신이기 때문에 전체적인 훈련 방식은 전문팀과 전혀 다르지 않았다.

　　아마추어 컬링하면 주로 순스젼컬링클럽이 대표한다. 순스젼컬링클럽은 하얼빈시에 위치한 아마추어 컬링클럽으로 2009년 10월에 정식으로 설립되었다. 중국 국가 남자컬링팀의 전 주장인 왕빈강과 국

36　빙설 스포츠를 가속화하고 빙설 스포츠 산업을 발전시켜 2022년 베이징 동계올림픽을 성공적으로 개최할 수 있는 기반을 마련하자는 의견서이다.

그림 29. 2015~2016 헤이룽장성 컬링선수권대회 순스젠클럽

자료 출처: 순스젠컬링클럽 홈페이지(2017)

가대표 은퇴 동료 선수들이 공동 조직하여 최초로 만들었다. 순스젠 컬링클럽의 설립 취지는 중국 컬링 인재를 양성하고 대중컬링, 청소년 컬링, 경기 컬링과 컬링 산업, 컬링 문화를 보급하고 컬링의 중국 발전 을 추진하기 위함이었다.

대중 스포츠의 관점에서 볼 때, 순스젠컬링클럽은 북미와 유럽 지역의 아마추어적인 클럽 조직 형태에 더 가깝다. 순스젠컬링클럽의 설립 초기에 일반 대중들이 이 신흥 빙상스포츠를 접할 수 있도록 하 기 위해 현지 언론과 협력하여 클럽에 대한 홍보를 진행했으며, 클럽 은 공익적인 성격으로 무료나 저렴한 비용으로 체험할 수 있도록 경 기장을 개방했다. 아마추어 성격의 클럽으로서 첫 번째 목적은 컬링에 대한 학생들의 흥미를 배양하고 컬링 종목의 대중적인 관심을 확대하 며 전문성 있는 헤이룽장성 컬링선수권대회와 일반인을 대상으로 하 는 헤이룽장성 아마추어 컬링 챌린지대회에 적극 참가하는 것이다. 순스전클럽은 컬링 예비인력을 입문에서 아마추어급으로 기초적인 양성을 원만히 실현하며 아마추어에서 프로로 전환하는 다단계로 도약하는 것을 돕는 것이다. 순스전컬링클럽이 대중에게 컬링을 전파하고 기초 예비인력을 양성하는 과정과 내용은 다음과 같다.

첫째, 선수 모집은 주로 사회의 자율적인 분위기에 맡긴다. 클럽에 접수한 컬링 동호인은 클럽의 회원이 된다. 이러한 측면에서 클럽은 컬링 회원의 기초적인 지도와 취미 활동을 도울 뿐 실질적인 선수 선발은 없다.

둘째, 훈련에 있어 순스전클럽은 아마추어 성격의 클럽으로서 컬링에 대한 청소년 선수들의 흥미를 배양하는 것을 주목적으로 한다. 선수들의 훈련이나 경기 참여를 강제적으로 요구하지 않는다.

순스전클럽은 일주일에 4번 2시간씩 훈련 시간을 배정한다. 기본적으로 저녁 시간에 배정하여 주간의 정규 수업에 지장이 없도록 한다. 수준에 따라 초급반과 중급반, 고급반으로 나뉘어, 각각 다른 컬링 기술과 전술을 가르친다. 모든 훈련은 가능한 한 간단한 컬링 경기를 통해서 한다. 아마추어 선수들에게는 장시간의 기본 기술 습득은 운동 선수들에게 지루함을 느끼게 할 수 있다. 이런 훈련 과정은 컬링 종목에 대한 청소년 선수들의 흥미를 더욱 자극할 수 있으며, 다른 한편으로는 청소년 보호의 차원에서 그렇게 한다. 청소년 선수들이 추운 빙판 위에서 같은 기술을 반복적으로 훈련하다 보면 근육과 인대에 무리가 갈 수 있으며 신체 부상도 생길 수 있기 때문이다. 4월 말에서 8월 중순에는 클럽 코치는 선수들을 조직하여 체력 훈련에 집중한다. 이는 다음 시즌의 빙상 훈련을 위해 튼튼한 기초 체력을 닦기 위함이다. 동시에 이론 수업도 빙상 훈련과 함께 진행되는데 적어도 일주일에 한 번은 컬링 전술에 대한 이론 수업을 실시하여 이론에서 실습까지 청소년 예비인재육성에 최선을 다한다.

셋째, 운동경기에 있어 아마추어 컬링클럽의 주요 목적은 청소년 예비인재들의 컬링에 대한 흥미를 배양하고 컬링의 대중적 기반을 충분히 확대하는 데 있으며 경기 방면에서 클럽은 우수한 청소년 예비 운동선수들로 팀을 구성하여 아마추어 또는 세미프로 수준의 컬링 대회에 참가한다.

넷째, 경기체육 관리 부분에서 아마추어 클럽은 일반적으로 성과 시의 현지 체육국 동계 종목 관리센터 또는 현지 컬링협회에서 관리 및 지도를 한다. 훈련에 필요한 경비는 주로 받은 회원비와 소속 지방 컬링협회의 일부 지원금으로 충당한다. 클럽을 정상적으로 운영하기 위해서는 컬링 예비인재육성에 필요한 경비가 해결되어야 한다. 이를 위해 사회적 자본과 상급 기관의 지원금으로 클럽을 운영했다는 점에서 매우 의미 있는 시도라 할 수 있다.

4) 중국 컬링의 대중화

중국에는 국제 규격에 맞는 컬링 경기장이 총 8개 있다. 그중 하얼빈 리드클럽과 하얼빈 베스트클럽은 한 경기장을 함께 사용하고 있다. 순스젼컬링클럽은 하얼빈시와 베이징시에 두 곳의 경기장을 가지고 있다. 베이징 중국체육올림픽클럽은 베이징 회유구와 지단구에 두 곳의 경기장을 가지고 있으며, 현재 세 번째 경기장을 류리차오에 건설 중이다. 그중, 학교에 인접한 세 곳의 경기장은 순스젼컬링클럽, 리드컬링클럽, 베스트컬링클럽이다. 시내 중심에서 비교적 먼 거리에 세워진 경기장은 베이징 중국체육올림픽회유관, 상하이 탄소제로컬링클럽, 올림픽컬링센터이다. 베이징 중국체육올림픽지단관과 전세컬링클럽은 중심상업지구 부근에 위치하며 우월한 지리적 위치는 관람객의 관람에도 유리할 뿐만 아니라 더 많은 회원을 모집하기에 유리하다. 그러나 컬링관 임대료가 상대적으로 비싸고 넓은 면적이 필요로 하기 때문에 일부 사업자가 외진 시가지를 택하기도 한다(张华兴·汤宪美, 2021).

쯔룽샹 스케이트 경기장은 베이징시 지단 공원 부근에 위치하며, 현재 베이징시 빙상 애호가들의 스피드 스케이팅과 아이스하키 훈련 장소이기도 하다. 쯔룽샹 스케이트 경기장은 1998년 나가노 동계올림픽 이후 일본 컬링협회로부터 컬링 세트를 선물 받은 이후 컬링을 개설했다. 그러나 이곳에는 컬링을 전문적으로 할 수 있는 장소가 없다. 단지 링형 빙상장의 일부에 컬링을 할 수 있도록 하우스를 그려 놓았을 뿐이다. 일반적인 컬링 경기장과는 비교할 수 없는 조건이다. 현재 컬링은 경기장의 유지 비용이 비교적 많이 들고, 사회적 인지도가 높

그림 30. 베이징 쯔룽샹 스케이트 경기장
자료 출처: 쯔룽샹 스케이트 경기장 홈페이지(2020)

지 않기 때문에, 대중들의 참여가 적다고 파악된다(王泽彬, 2021).

베이징 중국체육올림픽컬링센터 유한공사의 컬링관은 2006년 초에 정식으로 운영에 들어갔으며 건축면적이 거의 2만 평방미터에 달한다. 전임 코치가 10명이고 경기장 내에 국제표준의 6개의 빙판길이 마련되어 있으며 동시에 300명이 시합에 참가할 수 있다. 여러 차례 국제 경기와 중국 내 컬링 경기를 개최했으며 중국의 남녀 컬링팀은 여기서 4개의 금메달을 획득하여 동계올림픽 진출의 기회를 획득했다. 중국 올림픽 컬링 경기장에서의 첫 훈련부터 중국의 첫 국제대회 진출까지, 중국 남녀 국가대표팀이 세계에서 거둔 우수한 성적은 중국 올림픽 컬링 경기장의 건설 운영과 직접적인 관계가 있다(肖世成, 2018).

하얼빈시 우싱컬링관은 하얼빈시 체육국의 투자로 건설되었고, 2010년 4월 정식적으로 대외 운영, 현재 동북지역 첫 컬링 전문 교육 기관, 또한 하얼빈 컬링체공팀, 하얼빈 체육운동학교와 국가 남녀 팀의 하계 훈련장소, 내부에는 두 개의 전문컬링 코스를 설치, 하얼빈시 컬링초청시합(전국 아마추어팀)을 개최했다. 내부에는 컬링 전문트랙이 두 개, 전담 코치 한 명(국가대표팀)이 있다. 매주 월, 수, 금요일 저녁은 일반 대중에게 개방되며, 나머지 시간은 빙상 지역 컬링팀의 훈련용으로 사용된다(李野·张守信, 2015).

중국 정부의 대대적인 보급은 컬링에 새로운 발전 기회를 제공했다. 현재 동북지역의 여러 도시에서는 빙상스포츠를 보급하고 있으며 현지 정부는 대형 컬링 경기를 개최하고 동시에 본지의 겨울 빙상을 테마로 한 행사를 이용하여 사람들이 컬링에 관심을 가지고 컬링에 참여하도록 유도하고 있다. 정부가 컬링을 널리 보급하기 위해 노력하고, 아마추어들도 훈련을 꾸준히 하여 컬링을 하는 일반 대중도 점점 많아지기 시작했다(许水生·赵霖·蒋立, 2016).

그림 31. 하얼빈 우싱컬링관

자료 출처: 하얼빈 우싱컬링관 홈페이지(2020)

그림 32. 가족 대항 컬링경연

자료 출처: sports.sohu.com(2021)

컬링 경기력의 향상은 컬링의 대중화를 불러일으켰다. 운동선수가 한 종목에서 좋은 성적을 거둘 경우 사회적인 관심을 뜨겁게 받을 수 있다. 바로 국가 여자컬링팀이 그렇다. 세계 대회인 동계올림픽에서 우승을 차지한 후, 컬링은 국민의 주의를 끌었고, 이 신흥 스포츠는 사회에서 끊임없이 관심을 받게 되었다. 관심이 커짐에 따라 베이징과 하얼빈의 컬링 경기장과 컬링클럽에서도 컬링을 즐기는 사람들을 볼 수 있었다. 그 전에는 경기장에서 전문적으로 훈련에 몰두하는 운동선수들만 볼 수 있었다. 컬링 선수들의 경기력 향상은 중국 컬링의 대중화에 앞장섰음을 잘 보여준다.

컬링은 건강하고 세련된 운동이다. 긴장감을 극복하고 통찰력을 키울 수 있고 책임감도 발휘할 수 있다. 목표 달성을 위하여 팀원 전체의 단결력을 키우고 몸의 균형도 좋게 할 수 있다. 또한, 컬링은 관람의 재미도 있다. 사실 컬링클럽 감독에 의하면 컬링은 원래 오락을 목적으로 하는 종목으로 엄격한 규칙과 제한이 없으며 운동의 내용과 형식에 있어서 융통성 있고 변화무쌍할 수 있다고 한다. 따라서 컬링 시장이 점차 발전하고 점차 대중화됨에 따라 컬링은 일반 대중의 일상적인 오락 생활 속으로 들어갈 수 있게 되었다.

(1) 중국 컬링의 대중적 발전 타당성

2000년대 들어서면서 중국의 사회 경제가 지속해서 발전하고 중국 인민의 생활수준이 크게 향상됨에 따라 사람들의 가치관, 소비관 등의 변화가 생겼다. 이와 동시에 중국 내 기업이나 기관 등의 근무 규칙이나 근무 시간의 변화가 생긴 이후로 여가시간이 늘면서 사람들의 기본적인 욕구 즉, 의식주에 대한 기본적인 물질적인 만족이 아니라 삶의 질에 대한 더 높은 욕구를 갖게 되었다. 오늘날 건강에 대한 관심은 되고 대중 스포츠의 발전을 이끌게 되었고, 모든 스포츠가 대중적인 피트니스에 적합한 것은 아니므로 오락성과 경쟁성을 동시에 가지고 피트니스 작용을 하는 종목이 중국 대중들의 취향을 저격했다. 컬링은 두뇌 운동과 체력 운동이 집약되어 있기 때문에 몸을 단련할 뿐만 아니라 관상적인 가치도 있어서 대중들에게 인기 있는 스포츠로 발전할 수 있었다. 컬링은 올림픽과 선수권대회 등의 경기 소식을 통해 대중에게 점점 더 널리 알려지게 되었고, 대중들은 컬링을 통해 동계올림픽의 또 다른 매력을 느끼며 중국에서 컬링의 대중적인 발전도 모색하게 되었다(李文竹, 2020).

① 컬링 기술 특징은 중국인의 신체 구조에 비교적 적합하다

컬링 경기에서는 선수들 사이에 어떠한 대항적인 신체 접촉도 없으며, 선수들의 체력에 대한 과도한 요구도 없다. 다른 종목들과는 달리 장시간 훈련을 통해 스포츠 직업의 정점에 도달할 수 있다. 중국은 육상과 수영, 던지기 등 체력 주도 종목에서 강한 반면에 축구, 농구, 핸드볼 등 몸싸움이 필요한 종목에서는 부진을 보이고 있다. 신장, 체중, 스피드, 힘, 지구력 방면에서 미국이나 유럽 선수들과 비교할 때 모두 큰 차이를 보인다. 그 결과, 경기 성적은 줄곧 세계 중하위권 수준에 머물러 있다는 것을 뚜렷이 볼 수 있었다. 중국인 신체 구조의 특징은 몸매가 가볍고 민첩하며 머리가 좋고 반응이 빠르다는 것이다. 네트를 사이에 둔 대항력 종목인 탁구, 배드민턴 등이나 민첩성과 집중력이 필요한 다이빙, 체조 등의 종목은 줄곧 세계 선두를 달리고 있다. 컬링은 바로 이런 유형에 속한다고 볼 수 있다. 컬링은 중국인들이 하기에 적합하며, 이 스포츠에 종사할 수 있는 선천적인 장점을 가지고 있다(许延威, 2014).

② 컬링 정신은 중화민족의 전통 미덕과 일치한다

컬링 정신은 중국 전통의 미덕과 내적으로 일치한다. 컬링이 추구하는 것은 일종의 공평, 공정, 친선, 상대를 존경하는 내적 정신이다. 운동선수는 경기장에서 결코 상대를 충분히 깎아내리지 않는다. 차라리 경기에서 지더라도 불공평하게 이기려 하지 않는다. 또한, 고의로 상대를 방해하지 않는다. 더욱이 상대가 최고의 실력을 발휘하는 것을 방해하지 않는다. 어떤 컬링 선수도 고의로 경기규칙과 어떤 규정을 위반하지 않는다. 중화민족은 예로부터 겸손, 양보, 친절, 지혜, 침착함 등 우수한 전통 미덕을 가지고 있는데 이러한 특징은 지능형, 기교형, 유연성이 비교적 강하고 대항력, 충돌성이 약한 컬링에 비교적 적합하다. 이는 컬링이 좋은 심리적 기초를 마련하여 사람들이 심리적으로 쉽게 받아들일 수 있도록 했다(李春晖, 2015).

③ 컬링은 연령에 구애받지 않는다

컬링은 외국에서 '9~99세의 스포츠'로 알려져 있다. 중국도 다양한 연령층에서 컬링을 즐기고 있다. 나이의 제한을 받지 않고, 우수한 신체적 조건도 필요하지 않다. 장기간의 훈련도 필요 없다. 강사가 컬링에 대해 간략하게 소개하고 1시간 정도 지도를 받으면 컬링을 할 수 있다. 컬링의 재미와 즐거움은 일반 대중들의 사랑과 환영을 받을 수 있다. 컬링은 전 연령 단계의 사람들에게 적합한 운동 종목이며, 중국에서 컬링을 보급으로 전 국민의 건강과 인민의 체제를 강화할 수 있으며, 컬링은 대중 헬스 항목으로 촉진 역할을 할 것이다(许水生·赵霖·蒋立, 2016).

④ 컬링은 지역에 구애받지 않는다

국가체육총국 동계운동관리 센터 인사의 소개에 따르면 컬링은 중국에서 발전하기에 적합하며, 국가는 현재 앞으로의 빙상스포츠 발전계획을 제정하고 있으며, 그중 컬링은 장기 계획에 포함시키려고 한다. 특히 컬링은 남방지역에서 발전했다. 남부에서 서부 지역으로 컬링이 점차 발전하고 있다. 또한, 동계올림픽이 컬링의 영향을 확대됨에 따라, 더 많은 사람들이 이 스포츠에 관심을 가지고 열광하게 될 것이다. 사실 중국의 다른 곳에서는 컬링이 여전히 생소하기 때문에, 이 운동을 하는 사람들은 상대적으로 적다. 사실 중국 남방 지역의 사람들은 빙상 스포츠에 대한 열정이 많다. 현재 남방의 많은 아이스하키 경기장은 사실 이미 컬링을 할 수 있지만, 컬링 전문인력과 효과적인 홍보 부족으로 인해서 남방 지역에서 활발하게 컬링을 하고 있지는 않다(柏雯婷, 2015).

(2) 중국 컬링과 대중매체

스포츠 스타는 뛰어난 실력과 매력으로 대중에게 알려진다. 매스컴은 컬링 스타를 매스컴에서 '아젠다(agenda) 설정'[37]이라는 논리로 만들었다. 스타의 영향력을 이용해 컬링을 확산시키는 것도 효과적인 방법이다. 컬링 종목의 스타는 단순한 뉴스 보도의 대상이 아니라 미디어·컬링 산업을 연결하는 중간 다리 역할을 한다고 할 수 있다.

---

[37] 1968년 도널드 쇼와 맥스웰 맥콤스는 미디어 아젠다가 공적 아젠다에 얼마나 영향을 미치는지 대선 조사를 했다. 1972년 제안된 아젠다 이론은 매스컴이 종종 사건이나 의견에 대한 구체적인 견해를 결정하지 못하지만, 정보 제공과 관련된 의제 배치를 통해 어떤 사실과 의견, 그리고 그들이 이야기하는 우선 순위를 효과적으로 좌우할 수 있다는 것이다. 매스컴은 사람들이 어떻게 생각하는지를 결정하지 못할 수도 있지만, 사람들이 무엇을 생각하는지에 영향을 줄 수도 있다.

① TV와 컬링 스타

2009년 여자컬링 세계선수권대회에서, 중국 여자팀이 우승했고, CCTV는 대부분 중국 팀의 경기를 생중계했을 뿐만 아니라, '빙화만 발', '풍운회'등 컬링 프로그램을 제작하여 몇몇 선수들의 인지도를 높였고, 중국 여자팀 선수 4명의 이미지를 더욱 부각시켜 그들에게서 불구의 의지, 절대 포기하지 않는 스포츠 정신을 구현함으로써 대중들에게 모범을 보여 대중들의 컬링에 대한 친숙함을 증대시켰다. 한편 CCTV는 그녀들의 훈련의 고달픔과 생활의 어려움을 전하면서 대중들이 우승팀에게 더욱 관심을 가지게 하는 등 감정적인 카드를 많이 꺼냈다. 전문 컬링 선수는 경기의 주체와 초석이다. 텔레비전 등의 매체를 이용한 방식을 통해 중국 컬링의 발전을 추진했고 운동선수의 사회 대중성을 형성하여 대중으로 하여금 컬링 선수과 이 스포츠에 대한 더 많은 인식과 이해를 하게 했다(马乐虹, 2019).

② 인터넷과 컬링 스타

인터넷은 현대 사회에서 가장 널리 응용되는 매체이다. 컬링 종목으로 말하자면, 선수들이 좋은 성적을 거두었지만, 그 매체 이미지가 많은 대중에게 알려질 수 있는 것은 아니며, 또한 인터넷을 통하여 합리적이고 효과적으로 홍보·보급을 진행해야만 실현할 수 있다(강내원, 2004).

일반 대중은 인터넷에서 자신의 취미에 맞는 스포츠 종목의 스타를 선정하여 홍보할 수 있으며, 스포츠 스타 개인도 플랫폼을 구축하여 자신과 자신의 스포츠 종목을 홍보할 수 있다.

1940년대, 라자스펠드는 의견 지도자라는 개념을 제시했고, 의견 지도자란, 사람 간의 전파네트워크에서 항상 타인에게 정보를 제공하고, 동시에 타인에게 영향을 주는 "활동 분자"를 가리키며, 그들은 대중 전파효과의 형성과정에서 중요한 중개 또는 여과 작용을 하며, 그들이 정보를 대중에게 확산시켜 정보전달의 2단계 전파를 형성한다. 컬링 스타는 자신의 인기와 유명세를 이용하여 컬링 종목의 홍보에 중요한 역할을 할 수 있는 "잠재적"리더의 역할을 할 수 있다. 조사에 따르면, 컬링 선수들은 이미 인증 웨이보를 개설했다. 이 중 중국 여자팀의 주축인 위에칭쐉(岳清爽)은 빼어난 외모로 124만 명의 팔로워를 보유하고 있으며, 왕빙위(王冰玉), 리우인(柳蔭) 등도 7만 명 안팎에 팔로워를 보유하고 있다(徐杏玲, 2014). 2022년 베이징 올림픽 당시 중국 여자컬링 대표주장인 한위(韓雨)의 인기는 당시 중국인들의 컬링 여자 대표팀에 대한 기대와 관심이 얼마나 뜨거웠는지 알 수 있는 대목이었다. 한위는 당시 만 22살의 컬링 선수로 베이징 올림픽에서 중국 여자컬링 대표팀 최연소 주장을 맡아 팀을 이끌었다. 2000년생인 한위는 베이징 올림픽 컬링 선수 중 나이가 가장 어렸다. 앳된 얼굴을 하고 큰 무대에서 섬세한 기술을 선보이며 마지막 순간까지 평정심을 잃

그림 33. 컬링 스타 리우인과 한위
자료 출처: 百度百科(2018). 한위 웨이보

지 않는 모습에 팬들은 그를 '천재 소녀'라 불렀다. 그녀가 호기심에서 출발한 컬링은 그녀의 삶을 송두리째 바꿔놓았다. 한위는 2014년 중국 주니어 컬링 선수권 대회와 2016년 동계 청소년 올림픽에 중국 대표로 출전했고 2017년 세계 혼합 복식 컬링 선수권 대회에서는 16강까지 오르며 컬링 유망주로서 두각을 드러냈다. 2018년 국가대표팀에 합류한 뒤 이듬해 9월 아시아 태평양 컬링 선수권 대회에서 한위가 속한 중국 여자컬링팀은 10∶3으로 일본을 누르고 5년 만에 우승을 차지해 중국을 떠들썩하게 했다.

5) 중국 컬링의 현황 및 영향요인 분석

(1) 예비인재육성 모델의 현황분석

① 프로 스포츠팀 모델 분석

프로 스포츠팀 모델은 주로 컬링이 어느 정도 발전한 역사를 가지고 있는 중국의 동북지역[38]에서 응용된다. 이들 지역은 컬링 도입 초기 '거국체제'의 영향을 받았고 컬링 시장화 정도가 여전히 낮았다. 이런 모델은 전통적인 '거국체제' 하의 스포츠 체육 예비인재육성 모델의 계승체로 볼 수 있다(徐若天, 2017).

프로 스포츠팀들의 가장 큰 장점은 컬링 예비인재육성의 고효율성이며, 기존 스포츠 체육관리 체제의 우세를 충분히 이용하고, 모든 자원을 집중한다. 운동선수, 코치 등은 컬링 훈련에 최선을 다하여 예

---

38   동북지방은 헤이룽장(黑龍江)·지린(吉林)·랴오닝(遼寧)등 3성(省)과 네이멍구(內蒙古) 동5맹(東五盟)으로 구성된 지역을 말한다.

비인재에서 수준 높은 선수 양성에 있어서 현저한 우월성을 가진다. 현재 국가 대표선수들은 100% 프로선수단 모델에서 육성되고 있다. 컬링 종목 중국 시합에서, 전문 팀이 공헌한 선수들로 구성된 팀은 시종일관 성적이 가장 좋으며, 줄곧 중국 시합에서 상위권을 휩쓸었다.

또한, 프로 스포츠팀들의 열세도 눈에 띈다. 경기 성적에 대한 지나친 관심은 문화수업 교육과 훈련을 병행하는 훈련 방식을 무시한 채 운동선수들에게 운동 종목의 훈련에 많은 에너지와 시간을 투자하도록 요구했다. 각 지방 전문 팀의 상황을 보면, 청년 운동선수들의 문화수업 학습이 부족한 상황으로 컬링 예비인력의 전면적인 발전에 불리하다고 할 수 있다(朱佳滨·姚小林, 2018).

프로 선수단의 많은 문제점에도 불구하고, 프로 스포츠팀은 컬링 선수들의 운동 실력과 경기 능력을 빠르게 향상시킬 수 있었다.

② 상하이 특색의 '체교결합' 모델 분석

상하이 특색의 '체교결합' 모델은 경제 기초가 튼튼하고 교육시스템과 체육시스템 연계가 비교적 밀접한 지역에 적용된다. 대학교의 역량을 충분히 발휘하여 컬링 종목을 학교에 보급하고 학교를 컬링 전개의 기지로 삼아 대학교의 교육 자원에 의탁하여 전면적으로 발전하고 운동 전문 기능과 문화 소양을 갖춘 우수한 컬링 예비인재를 양성할 수 있다. 상하이 특색의 '체교결합' 모델의 가장 큰 장점은 컬링 예비인재의 양성에서 단순히 경기 성적을 목표로 하는 것이 아니라 문화적 소질과 체육 특기의 양성, 체력과 지력, IQ 등 전면적인 발전을 실현하는 것이다. 대학교의 강력한 지적 지지와 과학연구 능력은 컬링 예비인재 훈련의 과학성, 합리성을 최대로 향상시킬 수 있다. 상하이 특색의 '체교결합'의 양성은 체육의 형식으로 나타나지만, 교육에 뿌리를 두고 컬링 예비인재를 양성하여 평생 컬링을 연습하고 컬링을 사랑하여 예비인재의 양성이 지속 가능한 발전의 길로 나아가게 한다(谭虹, 2011).

상하이 특색의 '체교결합'의 열세는 학생 운동선수는 학습이 주가 된다는 것이다. 우선 학교교육이 우선되어야 하기 때문에 컬링 훈련은 임의성을 인정해야 하므로 체계성이 없다. 이런 문제는 학생 운동선수의 기술 수준 향상을 제약을 줄 수 밖에 없다. 학생의 훈련과 학업을 합리적으로 안배하고 외국인 코치를 초청하여 학생 선수에게 전문적이고 과학적인 훈련 방식을 부여하는 것을 통하여 '체교결합' 모델의 폐단을 가능한 한 피할 수 있다(李野·张守信, 2015).

③ 클럽 모델 분석

클럽 모델은 국외에서 비교적 흔히 볼 수 있는 후진 양성 형식이며, 중국의 경우 컬링 종목의 대중 기반이 비교적 좋거나 경제 시장화 정도가 높고 스포츠 소비 수요가 왕성한 지역에 적합하다.

클럽 모델의 가장 큰 강점은 완전히 사회 대중을 향한 생활스포츠로 특히 청소년 컬링의 계몽 양성에 중점을 두고 있다. 이는 프로 스포츠팀 모델과 상하이 특색의 '체교결합' 모델이 고려하지 못한 부분을 효과적으로 보충할 수 있다. 클럽 모델은 현재의 아마추어 컬링 육성 시스템 외에 또 다른 후임자 육성의 파이프라인을 만들고, 객관적으로 사회에 컬링을 홍보하고 보급하는 역할을 했고 컬링 예비인재를 증가시켰다. 프로 스포츠팀 모델을 위해 컬링 예비인재 선발 루트를 넓혔고 체육학교 차원의 양성에 힘을 보태 프로 스포츠팀 모델 '3급 네트워크' 시스템을 최적화하는데 촉매 작용을 하고 청소년 컬링 선수에게도 더 많은 선택을 제공했다. 하지만, 현재 클럽은 일반적으로 규모가 작고, 훈련 조건의 제약이 있으며, 지도자의 전문성이 부족하며, 지원이 미흡함을 인식해야 한다. 만약 이러한 문제들이 효과적으로 해결되지 않는다면 클럽 모델은 컬링 예비인재육성에 불리한 환경이 될 수 있다고 하겠다(张守信, 2014).

표 4. 중국 컬링 예비인재육성 모델 적용지역과 장단점 비교

구분	프로 스포츠팀 모델	상하이 특색 '체교결합' 모델	클럽 모델
적용 지역	거국적 체제의 영향을 많이 받고 컬링이 어느 정도 발전한 역사가 있는 북동부 지역	경제적 기반이 탄탄하고 교육 시스템과 체육 시스템이 밀접하게 연계되어 학교 체육을 충분히 발전시킬 수 있는 지역	컬링 종목의 대중 기반이 비교적 좋고, 경제 시장화 정도가 높으며, 스포츠 소비 수요가 왕성한 지역
이점	- 모든 우수한 인적자원 집중 - 능률적인 컬링 예비인재육성 - 체계적, 전문적인 훈련 과정	- 육체적, 지적, 지능 전반적 발달 - 문화적 소질과 체육적 특기 완전한 함양 - 컬링 훈련의 과학성 향상	- 프로 스포츠팀 모델과 체교결합 모델이 고려하지 못한 부분을 효과적으로 보충 - 프로그램을 보급하고 후임자를 양성하기 위한 통로를 확장
열세	- 경기 성적에 대한 지나친 관심 → 교육 모순을 격화 - 컬링 예비인력의 발전에 전반적으로 악영향	- 컬링 훈련보다 학교 수업에 집중수업 - 훈련의 임의성 - 훈련 시스템화 결여	- 규모가 작음 - 훈련 조건의 제한 - 코칭의 전문성 부족 - 효과적인 지원 부족

(2) 스포츠 경기가 컬링에 미치는 영향

세계적인 컬링대회를 살펴보면, 한 팀이 예선부터 본선에 진출할 경우 10~15경기를 치르고, 일정 중 하루에 최대 2경기를 치르는 데다 평가전 시간까지 합하면 한 경기를 소화하는 데 3시간 가까이 걸린다. 컬링은 동계스포츠 종목 중 시간이 오래 걸리는 종목에 속해 있어 참가팀 선수들의 체력적으로나 의지력 면에 적지 않은 부담을 주고 있다.

한 경기에서 스위퍼(sweeper)가 약 60차례 얼음 닦기 작업(sweeping) 을 하는데 한 번 얼음 닦는 데 걸리는 시간은 평균 약 15초다. 얼음 닦 기는 운동의 힘 조절과 정확도가 요구된다(박성건·이수원, 2017).

컬링은 운동선수가 체력을 끊임없이 향상시킬 것을 요구하며 평 소 훈련에서 기량뿐 아니라 유산소 지구력과 무산소 지구력 훈련에도 집중할 필요가 있다. 웨이트 트레이닝 외에도 선수들의 균형감각 훈련 도 중요하다. 이 때문에 컬링 훈련에는 컬링 선수의 체력, 밸런스 컨트 롤, 근력 운동 등을 주기적으로 훈련하는 경우가 많다.

데이비드 뵘(David Behm, 2010)는 캐나다 올림픽 컬링팀에 대한 주 기적인 훈련을 통해 드러난 사실을 바탕으로 컬링 선수들에게는 무 엇보다 밸런스 능력 개선을 강조하면서 전신의 힘을 강화하는 훈련 이 필요하다고 강조했다. 그중에서도 균형과 유연성은 매일 훈련해야 하며 근력과 지구력은 물론 불안정한 상태에서 균형 능력을 발전시 켜야 한다고 말했다. 몸통과 코어 근력은 주 3~4회, 유산소와 강도 높 은 인터벌 트레이닝은 얼음을 닦는 선수가 빠르게 체력을 회복할 수 있도록 돕는다. 유산소 훈련은 20초의 수영 또는 자전거 타기로 훈련 하고, 인터벌 트레이닝 시에는 30초의 강도 높은 훈련으로 진행한다. 75~80%의 최대 강도로 자전거 타기, 얼음 닦기, 단거리 스퍼트, 전력 스퍼트 등으로 30초를 할 수 있으며 휴식 시간은 1분간의 휴식에서 30초의 휴식으로 줄인다(穆亮, 2021).

컬링 선수들은 비시즌 체력 훈련의 강도가 대부분의 체력 위주 운동 종목에 뒤지지 않는다. 컬링 전문 기술훈련, 전술학습, 웨이트트 레이닝의 스트레스 속에서 경기 돌파를 위해서는 컬링 구동력이 경기 장에서 선수들의 심리적 버팀목을 제공해 주고, 준비 단계의 강도 높 은 훈련 후 심리적 압박을 잠재울 수 있다. 컬링 선수들은 훈련과 경기

중에도 끊임없는 서킷 훈련을 통해 컬링에 대한 이해력을 거듭 강화하고 컬링 이해력 향상을 통해 재미없고 복잡한 훈련 시스템을 개선하고 마음을 다스릴 수 있는 마인드컨트롤 방법을 찾게 된다(谭伟东·浅谈, 2003).

컬링 경기의 세부 종목은 남자·여자 종목과 믹스더블 종목이 있다. 남자·여자 종목은 한게임이 10엔드로 구성되고 2~3시간 소요되며 각 팀은 4명(후보 1명 외)의 선수로 이루어진다. 일반적으로 리드(lead), 세컨드(second), 서드(third vice-skip), 스킵(skip)의 순서로 투구를 하며 경기가 진행 중일 경우 선수들의 투구 순서는 임의로 변경할 수 없다. 한 팀당 8개의 스톤을 상대팀과 한 개씩 번갈아 투구하며(선수 1인당 1개씩 2회 투구) 양 팀 16개의 스톤이 모두 투구되면 한 엔드가 끝난다(穆亮, 2021).

첫 엔드는 토스로 선공과 후공을 결정하며 세컨드부터 각 엔드에서 진 팀이 다음 엔드에서 후공으로 유리하게 된다. 점수의 확인은 각 팀의 서드가 한다. 양 팀 스톤의 중심으로부터 거리측정을 필요로 할 때는 모든 스톤이 투구되고 난 후 서드인 바이스 스킵이 심판에게 요구할 수 있다. 12피트의 하우스(house, 원) 안에(12피트 선상의 스톤도 유효) 있는 스톤으로 상대편 스톤보다 하우스의 중심(botten)에 더 가까이 있는 것은 모두 그 엔드의 점수가 된다.

믹스더블 종목은 2018년 한국의 평창에서 열린 제23회 동계올림픽에서 처음으로 추가되었으며 한 경기 8엔드로 이루어지고 각 팀은 22분의 작전시간(thinking time)을 부여받아 총 경기시간은 약 2시간 정도 된다. 각 팀은 2명의 선수(남자 1명, 여자 1명)로 구성되고, 매엔드마다 5개의 스톤을 투구한다. 한 선수가 1번과 5번 스톤을 투구하며 다른 선수는 2번, 3번, 4번 스톤을 투구, 1번 스톤을 투구할 선수는 엔드마다 바꿀 수 있다. 10개의 스톤이 모두 투구되면 해당 엔드의 점수가 결정되고 엔드가 종료된다. 각 팀당 한 개의 스톤을 미리 두고 엔드를 시작하며, 점수 계산방식은 남자·여자 종목과 같다(안재성·채재성, 2016).

컬링 경기는 기술, 전술 수익이 얽히고설킨 인과관계를 형성하는 선형적 경기로 인해 경기 외의 요인에 의해 팀 코치를 포함하고 있으며, 컬링 경기 중에도 코치와 의사소통을 하지 못하도록 하고 있다. 이런 독특한 경기 규칙 때문에 컬링이 발전하는 과정에서 집중하고 냉철하며 차분한 면이 많아지는 문화적 특징이 형성된다. 이런 습관들은 운동선수들이 경기 자체에 더 효과적으로 집중하게 하고 경기를 더욱 실용적으로 만들고 관중의 눈길을 사로잡으며, 비록 컬링 경기에서 오락성과 화제성은 감소했지만 컬링 선수들이 경기 중 집중력을 뿜어내는 매력은 마니아층의 흥미와 관심을 사로잡고 있다(김미연, 2014).

(3) 서양의 문화가 컬링에 미치는 영향

서양 관념은 지리적으로 특히 유로파 지역에서 문명 역사가 발전한 기간이 중국에 비해 훨씬 길다. 유럽에는 소국 과민이 많고, 도시와 유목민족이 많았으며, 로마시대의 아테네 스파르타와 같은 도시들은 초기 과정에서 진정한 의미의 온전한 국가를 형성하지 못했다. 서구 문명은 전반적으로 외향적인 문화로, 문화적으로 확장과 침투적 성향이 내재되어 있다. 서구의 철학 사상은 서구민족의 경쟁의식을 강화하여, 타인을 바라보고 경쟁과 대결에 임할 뿐 아니라, 모든 탈사회와 두려움, 회피의 나약한 행위를 경멸하도록 독려하고 있다(秦玉京, 2019).

대다수의 서양인은 사상이 급진적이고, 개성적이고, 독립적이며, 해방 의식이 강하다. 개인의 분투, 사물의 결과를 중시하고, 새로운 모험과 치열한 경쟁을 좋아하며, 이러한 메커니즘은 서양인의 진취적이고 창의적이며, 애착적인 분투 정신을 길러준다. 컬링 문화는 외향적인 문화이며 대립을 강조하는 역사적 근거를 제시한다. 누구나 알고 있듯이, 한 민족 자체의 문화적 산물은 그 민족적 특성을 벗어날 수 없으며, 컬링과 컬링문화의 탄생도 선천적으로 서양 문화의 외향적 유전자를 계승했다고 볼 수 있다. 그래서 컬링은 좀 더 조용하고 점잖아 보이지만, 정신적인 핵심은 자유롭고 자신감 있는 개인의 태도를 강조함으로써 다중적인 스트레스에 편안한 마음으로 맞설 수 있도록 유도한다. 환경이 변하고 계절이 바뀌듯, 서구 문화에서 두 팀의 대결과 승부 과정에서 정신적으로 경쟁하며 자기 계발을 완성하는 것은 전술적인 지략보다는 마음가짐의 싸움이라고 말했다(王祺, 2012).

현대 컬링 경기에서 서구의 팀들은 사상이 급진적이고 용감하게 경쟁하는 특징이 드러났다는 점 외에도 가벼운 마음으로 응전하는 태도 역시 중국 컬링 선수들이 배울 점 중 하나이다. 하지만 여기에는 여러 가지 복잡한 요소가 있다. 예를 들어 중국과 전통적으로 서구 컬링 강국 사이에 인재 선발 방식이 다르고, 경기 성적도 국가별로 차이가 난다. 중국에서 컬링팀의 경기 성적은 선수들의 경제적 수입, 사회적 대우 등 현실적인 문제에까지 영향을 미치고 있어 선수들의 마음가짐을 점검 하는데 있어 중요한 요소로 작용한다. 이런 실질적 문제를 두고 중국 컬링 선수들에게 다른 나라 선수들과 똑같이 가벼운 마음으로 게임을 즐기라고만 요구하는 것은 현실적으로 어렵다.

가벼운 마음가짐으로 현실의 한계를 극복하기는 어렵지만 국가별 우수 팀에서 발견할 수 있는 특이한 현상은 4명이 한 팀인 컬링에서 경기장의 친연관계로 이뤄진 팀 캐칭이 컬링 코트의 일반적인 현상이 되고 있다는 점이다. 비록 중국 컬링 전문팀의 인원 선발은 선수간의 혈연관계를 참고하지 않지만, 가족을 중시하는 전통 중국 문화에서 가족 구성원들, 세대별, 사회적 벽이 뚜렷하게 드러나고 있다. 컬링 문화는 가족관계를 촉진하는 데 어느 정도 기여하고, 가족관계를 동료와 협력관계로 발전시키며, 인간과 인간 사이의 단합된 협력과 동진동퇴(同进同退)하는 집단의식을 함양시켜 본질적으로 서양 문화 속의 혈연에 군집하는 관념에도 부합한다는 것을 알 수 있다(张键华, 2014).

(4) 중국 전통문화가 컬링에 미치는 영향

중국은 예로부터 수천 년의 변천을 거쳐 중화민족에게 거대한 역사관을 갖게 했으며, 대국으로서의 본질은 조금도 변하지 않았다. 예로부터 황허(黃河) 유역과 창장(長江) 유역은 문명 발원의 중심지였고, 인근 지역에는 서로 다른 민족과 다른 인구가 살아가면서 서로 화합하고 교류해 왔으며, 서로 다른 점이 많았지만, 오랜 기간 서로서로 받아들이는 과정에서 생긴 공통점이 적지 않았다(张键华, 2014).

중화민족 문화를 연구하기 전에 국토가 넓고 자원이 풍부한 중국이 56개의 다양한 민족 대국으로 발전했기 때문에 중화민족이 어떻게 구성되고 각 민족 간에 어떻게 융합되었는지를 먼저 연구해야 한다. 민족의 발전과정은 길고 복잡한 과정이고, 민족 문화의 형성도 매우 길고 복잡한 과정을 거쳤다.

역사 속에 사회의 생산력이 향상되고 사회 각층이 확대되면서 단일 씨족보다 더 강한 집단이 형성됐다. 장기간의 발전 후, 점차 사유제의 발생으로 계급이라는 말이 순리적으로 생겨났으며, 계급이 형성되면 원시 씨족 집단은 붕괴되기 시작했다. 이때 서로 다른 집단, 민족의 사람들이 함께 살아가기 때문에 부족과 종족이 생겨나고, 그런 종족과 부족이 발전하여 하나의 국가로 거듭나고, 크고 작은 지역적 부족이 하나의 국가로 통합되면서 지역적 부족은 스스로의 독립성을 잃는다.

하나의 부족, 하나의 족속, 하나의 가족 구성을 넘어 인구 주거지역별로 집중관리 되는 것이다. 이런 의미에서 말하자면 중화민족은 여러 민족이 함께 융합하여 형성된 대가족이리는 사실이다. 중화민족은 화이부동하여 중화민족의 온전하고 풍부한 면모를 형성했다(韦庆旺·俞国良, 2009).

중국 문화에서 민족과 국가의 개념, 잠재의식은 끊임없이 부딪쳐 융합되고, 중국인들은 오랜 역사 속에서 융합과 공존이라는 생존 발전관을 받아들임으로써 자손을 번성시키고 안정된 생활을 유지했다. 이는 중국 스포츠 문화의 형성에 중요한 영향을 미쳤다. 서양 문화에서 유래한 컬링은 중국 문화의 일관된 이념에 맞게 점잖고 평화로운 운동 양식을 띠고 있지만, 그 문화의 근원에는 본질적인 차이가 있다(徐建, 2010).

컬링 경기의 승리는 중국 문화에서 '처음부터의 일거수일투족에 사태의 최종 향방이 결정된다'라는 말처럼 미세한 심리적 변화와 행동에도 영향을 받을 수 있다. 이렇듯 중국 전통문화에서 옛날 사람들이 말하는 무언가의 정점에 이르기 위해서는 고도의 집중도가 필요하다는 점과 일맥상통하는 것이다. 이런 중국적 전통 속에서 중국 선수들이 컬링 경기장에서 '삼고삼행(三考三行)', '온중구승(溫中求勝)'의 모습을 보이는 것도 어렵지 않게 이해할 만하다(杨韵·邹玉玲, 2014).

서구 문화에서 기원한 스포츠 중 컬링만큼 지능적이면서도 기예에 대한 요구는 상대적으로 많지 않다. 컬링이 중국에 들어오면서 컬링이 아시아인들에게 더 적합하다는 말도 심심찮게 나왔다. 체력의 절대적인 힘이 승리하는 데 최대 관건이 아니라 기량이 섬세하고 변화무쌍하며, 지략과 게임에 대한 연구가 많은 중국인들이 이 운동에 더 잘 맞는 것 같다. 그러나 섬세함은 컬링의 겉옷일 뿐, 그 핵심은 여전히 서양 문화의 상무 정신이다. 추운 겨울 호수 위에서 무리 지어 즐기는 놀이는 본질적으로 서구 문명에서 확장된 감정의 분출이다. 시간이 지나고 전반적인 기술 수준이 향상되면서 컬링의 기술에 게임 감이 넘쳐나도 스포츠가 탄생하기 전부터 서양인의 의식 속에 각인된 대항 정신을 바꿀 수는 없다(汪宇峰, 2017).

컬링 문화에 대한 문화적 이해는 문화적 파급력 측면에서 중국 사회에 널리 보급되고 받아들여질 수 있지만, 대결적 측면에서 문화적 근본 동기를 따지지 않고 성적에 저항을 주는 것은 사실이다. 중국과 서양 문화의 차이와 문화적 차이가 스포츠에 미치는 영향에 대한 연구를 통해 서양 문화의 언어에서 정확한 컬링 정신은 다음과 같이 해석될 수 있다.

컬링 정신은 컬링맨이 긴장감 속에서도 용감하게 맞서며 승리를 염원하는 정신이다. 대항마를 즐기기 위해 컬링맨은 상대가 최상의 기량을 발휘하는 것을 막지도 않고 불명예스러운 승리로 대결의 즐거움을 포기하지도 않는다. 참가자들은 언행을 자제하고 경기운영을 예의 있게 한다. 어느 한쪽의 실력이 상대보다 현저히 약할 때는 스스로 패배를 인정하고, 사투를 즐기는 재미가 없는 경기를 앞당겨 끝내야 한다(徐杳玲, 2014).

국가별 국정과 체육 제도가 다르기 때문에 중국 선수들은 수년간 전문적인 체육훈련을 할 때 물질적 욕구를 충족시키고 개인의 사회적 정체성을 찾는 것이 일반적이고, 감정적 측면에서도 '국가의 명예를 지키는 것'을 자신의 소임으로 여기며 한 가지 스포츠에 대한 애착과 집착은 주류가 아니다(张键华, 2014).

컬링은 팀워크와 기술 운용, 전술을 아우르며 스포츠의 체력·기술·전술·심리·스포츠 지능에 대한 요구가 높다. 컬링 문화의 정수는 실질적으로 팀워크와 대담하게 대항하는 것이다. 컬링 문화의 정수가 컬링의 시합 과정에서 드러나지 않는 것이 없다. 그러나 컬링 문화의 정수에 대한 이해는 중국과 서양이 오랜 역사 속에 갇혀있기 때문에 컬링 문화에 대한 해석도 어느 정도 엇갈리고 있다(吳础怡, 2018).

중국은 예로부터 역사가 유구하여 아시아 유럽대륙의 최동단에 위치하고 있으며 동남쪽으로는 바다와 인접해 있으며 서북쪽은 산과 고비사막, 서남쪽은 고원지대로 중부지방은 평탄하고 탁 트여 토지가 비옥하다. 이런 지리적 위치는 천혜의 장벽이 형성되어 외부세계와의 연계가 상대적으로 단절되어있는 반면, 물산은 자원이 풍부하고 사람들이 장기적으로 생활하기에 적합하기 때문에 중국인들이 이곳에 안주하여 농경과 방직을 중시했고, 사회형태는 진나라가 세워진 이래로 비교적 단순하게 유지되어 왔다. 봉건제도의 사회가 천 년 동안 지속되었고, 백가독존유술을 배척한 후[39] 유가사상은 중화민족의 핵심사상으로서 뿌리깊게 자리 잡았다. 사물을 대하는 태도가 추구하는 것은 중용의 길로서, 경솔한 사상이 만들어지는 경우는 드물다. 이는 중국 컬링 선수들이 국제무대에서 통상적으로 보수적인 전술을 구사하는 데에는 문화의 근원이 있기도 하다(徐建, 2010).

---

[39] 백가를 배척하고 유술을 독차지한 것은 동중서가 원광 원년(기원전 134년)에 제시한 치국사상으로 한무제 때 추진되었다. 동중서전(董仲書傳)에는 동중서가 제안한 원말이 공 씨를 추명하고 백가를 억눌렀다는 기록이 있다. 이 사상은 춘추전국시대의 유가 사상의 원래 모습이 아니다. 도가, 법가, 음양오행가의 일부 사상은 유교 사상의 호환과 발전의 특성을 살린 시대착오적인 사상으로 봉건 통치 질서를 수호하고 전제 왕권을 신격화하여 중국 고대 봉건 통치자와 역대 유교들의 추앙을 받았다. 2000여 년 동안 중국 전통문화의 정통과 주류 사상이 되었다.

6) 소결론

중국 컬링의 발전기를 정리하면 중화인민공화국 제10회 동계체전의 정식 종목으로 컬링이 채택되면서 크고 작은 국제대회에 참가했다. 각종 대회에서 비교적 좋은 성적을 거두기 시작하면서 국가와 인민들의 관심을 끌기 시작했다. 정부의 도움을 받아 부족한 기자재와 훈련 프로그램을 재정비하기 시작했으나 타 국가에 비해 환경적으로 매우 열악한 상황이었다. 하지만 선수의 육성을 위해 전문 프로팀, 상하이 특색의 '체교결합'과 클럽의 세 가지 주요 모델로 나누어 예비인재육성을 진행했다. 선수 선발의 경우, 프로 스포츠팀 모델은 전형적인 스포츠체육 '3급 훈련망'을 채택하여 선수를 선발하고, 상하이 특색의 '체교결합' 모델은 재학생들을 시험 훈련을 통해 선수를 선발했다. 클럽 모델은 대중 생활스포츠로서의 발전을 모색하는 방향성을 가지고 클럽에서 직접 전문 선수를 선발하지 않는다. 프로 스포츠팀 모델의 트레이닝은 6일 반 훈련제를 채택하여 훈련과 평가전을 결합하고, 상하이 특색의 '체교결합' 모델은 선수 훈련이 유연한 편이며, 경기를 위한 기술 훈련에 집중한다. 클럽 모델의 훈련은 흥미를 키우는 것을 원칙으로 한다. 스포츠 경기에서 프로 스포츠팀이 중국 경기장에서 지배적 지위를 갖고 있고, 상하이 특색의 '체교결합'은 경기 성적에 목적을 두지는 않지만 기술 훈련을 통해 꾸준한 성적을 내고 있으며, 클럽 모델은 아마추어·세미프로 경기를 통해 대중의 흥미를 끌고 있다. 중국 컬링 예비인재육성의 세 가지 모델은 각각 환경과 지역이 다르지만 각자의 독특한 가치와 장단점을 가지고 있다. 프로 스포츠팀 모델은 컬링 인재양성 과정에서 효율성이 있지만, 학습과 선수 생활을 병행하기 어려운 "학훈 갈등"을 가지고 있다. 상하이 특색의 '체교결합'은 고교 스포츠 발달 지역에 적응해 전반적인 발전을 중시하지만, 훈련 효과가 떨어질 수 있다. 컬링 대중 기반이 좋은 지역에 적응하는 클럽 모델은 기초적인 예비인재의 양성을 통해 다른 두 가지 모델을 효과적으로 보완할 수 있다.

3. 중국 컬링의 도약기(2015~현재)

현 단계에서 중국 남녀 컬링팀이 세계 대회에서 좋은 성적을 거두면서 세계의 주목을 끌고 있지만, 중국 컬링의 발전 수준과 보급 정도를 살펴보면 세계 강대국과 비교할 때 비교적 큰 차이가 존재한다. 이러한 점은 2022년 베이징 동계올림픽에서 중국 대표팀이 노메달에 그친 것에서도 알 수 있다. 앞으로의 중국 컬링의 발전을 위해서는 중

그림 34. 2022년 동계올림픽개최지를 발표하는 토마스 바흐

자료 출처: youtube.com 캡처(2015)

국 컬링을 객관적으로 바라보고, 중국 컬링의 발전에 영향을 미치는 실질적인 요소들을 확실하게 파악하고, 나아가 효과적인 해결 방법을 강구해야 한다. 이를 근거로 중국 컬링의 발전 전망에 대해 정확한 예단과 중국 컬링의 보급과 발전에 매우 중요한 방향을 제시하는 역할을 가질 것이다.

2015년 7월 31일, 국제올림픽위원회 제128차 총회에서 베이징은 2022년 제24회 동계올림픽 개최권을 획득했다. 중국은 2022년 동계올림픽을 유치함으로써 중국의 빙상 스포츠 발전에 큰 좋은 계기를 마련했다. 컬링은 많은 국민의 사랑을 받는 스포츠 종목이다. 이 스포츠는 스코틀랜드에서 시작되어 유럽과 미국에서 전파되었으며 개인의 능력과 집단지성의 유기적인 결합을 중시하며 특유의 헬스 익스피리언스,[40] 고상한 레저 등으로 가치를 평가받으며 스포츠 분야에서 명성을 떨치고 있다. 컬링은 중국에서 오래된 역사를 지닌 스포츠 종목은 아니다. 컬링을 즐기는 사람들도 매우 적고, 사람들은 이 종목에 대해 생소하게 생각하고 심지어 듣지도 보지도 못했다고 말하는 사람도 있었다. 그러나 2009년 3월 29일 중국 여자컬링팀이 한국 강릉 여자컬링 세계선수권대회에서 우승을 차지하면서 중국에서 컬링 붐이 일기 시작했다. 컬링이라는 낯선 빙상 스포츠가 중국인들의 관심을 끌게 되었고 점차 사람들이 즐기는 빙상 스포츠로 발전하게 되었다(徐杏玲, 2014).

2022년 기준 중국 여자팀 컬링 세계 랭킹은 9위이고 중국 남자팀 컬링 세계 랭킹은 14위이다. 이 시기 중국 남녀 컬링팀의 국제 경기 성

---

40 Experience(익스피리언스)는 경험이라는 뜻이다. 실험(Experiment)이라는 말과도 관련이 있다.

적은 그리 뛰어난 성적은 아니다. 먼저, 가장 큰 대회인 세계선수권대회에서의 성적이 이를 잘 말해주고 있다. 중국 컬링남녀대표팀은 베이징 동계올림픽이 개최되는 해인 2022년부터 2023년, 2024년 세계선수권대회에 참가하지 못했다. 2024년 개최된 2024세계믹스더블컬링선수권대회에서도 12위에 그쳤다. 다만 2023년 제31회 동계유니버시

표 5. 중국 남자, 여자컬링팀 출전 및 랭킹

중국 여자컬링팀	중국 남자컬링팀
2003년 범태평양 컬링 선수권 대회 5위	2003년 범태평양 컬링 선수권 대회 5위
2004년 범태평양 컬링 선수권 대회 2위	2004년 범태평양 컬링 선수권 대회 4위
2008년 캐나다 버논 세계선수권 2위	2008년 미국 노스다코타주 그랜드폭스 4위
2009년 세계 대학생 동계올림픽 컬링 1위	2009년 세계 대학생 동계올림픽 컬링 1위
2009년 대한민국 강릉 세계선수권 1위	2009년 캐나다 몽크턴 8위
2010년 밴쿠버 동계올림픽 3위	2010년 밴쿠버 동계올림픽 8위
2010년 캐나다 스위프트카렌트 세계선수권 7위	2010년 이탈리아 코르티나담페초 세계선수권 11위
2011년 덴마크 세계선수권 2위	2011년 캐나다 레지나 세계선수권 11위
2011년 범태평양 컬링 선수권 대회 1위	2011년 범태평양 컬링 선수권 대회 1위
2012년 캐나다레스브리지세계선수권 11위	2012년 스위스 바젤 세계선수권 6위
2013년 라트비아 세계선수권 9위	2013년 캐나다 빅토리아 세계선수권 6위
2014년 소치 동계올림픽 7위	2014년 소치 동계올림픽 4위
2014 캐나다 세인트존스 세계선수권 7위	2014년 베이징 세계선수권 6위
2015년 일본 삿포로 세계선수권 5위	2015년 캐나다 핼리팩스 세계선수권 8위
2016년 범태평양 컬링 선수권 대회 2위	2016년 범태평양 컬링 선수권 대회 2위
2017년 베이징 세계선수권 11위	2017년 캐나다 에드먼턴 세계선수권 5위
2018년 평창 동계올림픽 5위	2019년 아시아태평양컬링선수권대회 3위
2019년 아시아태평양컬링선수권대회 1위	2021년 캐나다 오타와 세계선수권 14위
2021년 캐나다 캘거리 세계선수권 10위	
2023년 제31회 동계유니버시아드 금메달	

아드에서 여자컬링팀이 금메달을 차지한 것과 2022년 베이징 동계패럴림픽 휠체어컬링에서 금메달을 획득한 것으로 위안을 삼을 수 있을 뿐이다.

1) 2022년 베이징 동계올림픽의 채택과정

(1) '북빙남전' 전략의 실시

북빙남전은 중국이 1980년대에 제기한 빙상 스포츠 발전전략으로 빙상 스포츠가 동북에서만 발전하는 한계를 타파하고 남방 도시로 발전하도록 하기 위한 것이다. 최근 몇 년 동안 남부의 컬링은 이미 시작되었지만, 보급과는 거리가 멀었다. 과거에 중국 컬링의 인재양성은 줄곧 동북에서 진행되었는데, 남방 도시는 기후의 제한으로 인해 기본적으로 중국 컬링의 발전이 제약되었다. 현재 중국은 세계 대회 개최를 통해 컬링에 대한 대중의 공감도를 마련했다. 동계스포츠 체육의 경쟁력을 확보한 것이다. 과학기술의 발달은 동계스포츠 항목에 광범위하게 응용됨에 따라 컬링을 대대적으로 발전시켰다. 현 단계에서 겨울 스포츠 특히 컬링의 각종 훈련은 기본적으로 모두 실내에서 할 수 있어 자연 환경이나 기후 조건에 더 이상 영향을 받지 않아 지역적 제약에서 벗어났다. 또한, 인재 및 설비에 대한 요구도 갈수록 높아지고 있다. 동계올림픽 개최로 기술의 도입과 학습 및 과학기술 함량의 투입과 증가에 큰 도움이 되었을 뿐만 아니라 각종 기자재 설비의 개선과 인적 교류에 활발히 전개되었다. 동계올림픽 개최는 중국의 컬링에 비약적인 발전을 이룩하게 했다.

몇십 년의 노력으로 남방에는 실내 컬링 장소가 생겼지만, 스포츠 체육 인재양성은 줄곧 북방을 위주로 하여 동북지역에서 실력이 출중한 컬링 인재들이 많이 배출되었다. 이러한 상황은 주로 남부 지역에서 컬링의 보급률이 낮고 인프라가 부족하므로 발생한 것이다. 동계올림픽의 성공적인 개최로 남방지역 컬링장 수량의 규모가 매우 증가하여 인프라 건설, 인재양성, 기술 도입, 자금 투입 등에 큰 촉진 작용을 일으켜 중국 빙상 스포츠의 비약적인 발전을 이끌었고 '북빙남전' 전략을 한층 더 구체화했다.

(1) 2022년 동계올림픽 유치과정

2022년 동계올림픽 개최지를 두고 우크라이나, 스웨덴, 폴란드, 카자흐스탄, 노르웨이, 중국 총 6개 국가가 경쟁했지만 몇 국가들은 일찍감치 유치 포기 선언을 했다. 제일 먼저 스웨덴의 스톡홀름은 1912년 하계올림픽을 개최한 경력이 있으며, 국제적으로 유명한 도시이기도 하며, 스웨덴은 훌륭한 동계스포츠 전통과 우수한 시설을 갖춘 나라로도 알려져 있었으나 알파인 스키를 스톡홀름에서 무려 600km나 떨어진 지역에서 치르겠다는 계획이었다. 이런 계획으로 경쟁력이 크게 떨어진다는 평가받았고, 스웨덴에서는 별로 하지 않는 썰매 종목(봅슬레이, 루지, 스켈레톤) 경기장을 건설하기 위해 막대한 비용을 들여야 하는 등의 문제점이 드러나면서 결국 2014년 1월 유치 신청서를 철회했다. 다음으로 크라쿠프(폴란드)는 2014년 5월 주민투표 결과 올림픽 유치를 반대하는 여론이 70%가 넘어 유치 신청을 철회했다. 같은 해 6월에 리보프(우크라이나)도 유치를 포기했다. 리보프는 폴란드와 마찬가지로 카르파티아산맥에서 멀지 않은 그곳에 있으며, 유로 2012 개최지이기도 했다. 최근 우크라이나의 경제난과 극심한 정국 불안으로 처음부터 경쟁력이 떨어진다는 평가가 있었다. 결국, 동부 우크라이나 위기와 재정난이라는 문제점 때문에 2014년 6월 30일 유치 신청을 철회했다(王澤雨, 2021).

2013년 11월 마감 시한까지 6개 후보(유럽 4곳, 아시아 2곳)가 신청을 했으며, 이들 중 몇 개를 골라 최종 입후보 도시(candidate cities)를 선정할 예정이었다. 이번에는 전 대회의 평창군과 같은 작은 도시는 나오지 않았으며, 모두 각 국가에서 상당한 규모를 갖춘 도시들이다. 그런데 6개 후보 중 최종 입후보 도시를 선정하기도 전에 3개 후보가 신청을 철회하여 3개 도시만 남게 되었고, 이들 3개 도시가 모두 최종 입후보 도시로 선정되어 2015년 7월 유치전에서 개최지를 결정하게 되었다. 2014년 10월 오슬로가 유치 신청을 철회하면서 최종 입후보 도시는 알마티와 베이징의 두 도시만 남게 되었다. 노르웨이 정부의 지원이 확실하지 않아 차츰 경쟁력이 떨어지는 것으로 평가받았으며, 마침내 노르웨이 정부와 의회는 오슬로시에서 요청한 재정지원을 거부한다는 의사를 명확히 표명하여, 유치를 추진하던 오슬로시에서는 정부 재정지원도 기대할 수 없게 되면서 주민들의 반대 여론도 굉장히 심했기 때문에 더이상 동계올림픽 유치를 추진할 명분을 갖지 못하고 2014년 10월 2일 유치 신청을 철회했다. 결국, 유럽의 4개 후보 도시가 모두 유치 신청을 철회하면서 아시아의 2개 후보 도시만 남게 되어, 2022년 동계올림픽도 2018년 평창 동계올림픽과 2020년 도쿄 하계올림픽에 이어 아시아 지역에서 개최되는 결과를 갖게 되었다(马梦蝶, 2021).

2015년 7월 31일 말레이시아 쿠알라룸푸르에서 열린 제128차 국제올림픽위원회(IOC) 총회 결과 중국 베이징이 카자흐스탄 알마티를 44 : 40으로 누르고 동계올림픽 개최를 확정 지었다(河北日报, 2015). 결국, 2018년 대한민국 평창, 2020년 일본 도쿄, 2022년 중국 베이징으로 이어지는 동북아시아에서 동계/하계올림픽을 3연속 개최하게 되면서 2024년 올림픽 유치에 도전하던 타이베이는 결국 개최를 포기했고, 2026년 동계올림픽을 준비하던 나가노, 2028년 올림픽을 준비하던 부산은 당분간 힘들게 되었다. 이로써 중국은 14년 만에 올림픽을 개최하게 되었고, 베이징은 세계 최초로 동·하계올림픽을 모두 유치하게 된 도시가 되었다. 또한, 1952년 오슬로 동계올림픽 이후로 70년 만에 두 번째로 수도에서 개최되는 동계올림픽이다. 2018년 7월 18일 IOC는 2022년 베이징 동계올림픽에서 7개 세부 종목이 추가돼 총 109개의 금메달이 나온다고 발표했다. 또 여성 선수들의 참가 비율이 더욱 높아져 남녀 비율이 균형을 이뤘다(人民日報, 2018).

2008년 베이징 올림픽 이후 14년 만에 중국 베이징에서 개최되는 올림픽으로 1992년 알베르빌 동계올림픽, 1994년 릴레함메르 동계올림픽에 이어 28년 만에 2018년 평창 동계올림픽이 열린 뒤 같은 대륙에서 연속해서 열리는 올림픽이며, 2018년 평창 동계올림픽, 2020년 도쿄 올림픽, 2022년 베이징 동계올림픽으로 4년간 이어지는 동하계 한·중·일 올림픽이었다.

그림 35. 2022년 동계올림픽개최지 결과에 환호하는 중국 대표단

자료 출처: youtube.com 캡처(2015)

동계올림픽 유치는 한 국가의 국제적 이미지를 보여주는 좋은 기회이며, 개최국들은 경기성적의 모든 면에서 매우 중요하게 여긴다. 고인이 된 사마란치 전 IOC 위원장은 "만약 성공적인 올림픽을 개최하고 싶다 하여도 개최국의 경기 성적이 나쁘다면, 그것은 성공하지 못한 대회"라고 말한 바 있다. 이는 2022년 베이징 동계올림픽에서 중국이 금메달 9개, 은메달 4개, 동메달 2개로 종합 순위 3등을 차지했는데, 중국의 올림픽 개최 전략이 성공적이었다는 것을 설명한다.

동계올림픽을 개최하려면 여러 방면의 준비를 해야 한다. 가장 먼저 중국이 우위를 선점할 수 있는 종목들이 좋은 성적을 유지할 수 있도록 정비하고, 발전의 가능성이 있는 중국 컬링 선수들의 경기력을 향상시켜야 올림픽 개최 전략을 더욱 잘 실행할 수 있다. 올림픽 전략은 단순히 금메달 전략일 뿐만 아니라, 국가가 대량의 자금과 인력을 투입하여 성적을 향상시키고, 빙상 스포츠 기술 수준을 장기적으로 향상시킬 수 있는 좋은 기회이다. 동계올림픽이라는 플랫폼을 통해 전 세계에 중국 컬링의 발전 수준을 보여주고 홍보하여 동시에 각종 형식의 교류를 통해 컬링 선진국의 좋은 경험을 습득하고자 하는 노력이 필요하다. 궁극적으로 중국 컬링 경기의 수준을 향상시키고 대중적으로 보급하는 목적을 달성하고자 했다.

물론 성공적인 올림픽 개최를 위해서는 금메달을 포함한 메달 획득을 위한 전략도 중요하지만, 현 정부 산하의 협회는 컬링 기초 시설, 경기 인재양성, 운동 기술 등 방면에 투입을 늘리고 각 방면의 투입을 통해 빙상 스포츠 전체 수준을 향상시켜 올림픽을 위한 단기적인 발전이 아닌 중국 컬링의 장기적인 발전을 촉진하는 구체적인 계획을 준비했다.

2) 2018년 평창 동계올림픽과 중국 컬링

2018년 2월 9일~25일 17일 동안 밤낮을 뜨겁게 달궜던 평창 동계올림픽 성화가 서서히 꺼지면서 세계 92개국에서 온 빙설 건아들이 '더 높이, 더 빠르게, 더 강하게' 올림픽의 투혼을 밝히며 또 하나의 기적을 만들어냈다. 올림픽에는 선수들의 늠름한 자태와 반짝이는 메달, 포기하지 않는 투혼이 보였고, 그 뒤를 받쳐주는 첨단 기술자들이 즐비했다. 특히 평창 동계올림픽은 다양한 과학적 기술이 도입되며 스포츠 경기와의 특별한 가능성을 드러내는 기점이었다(王洹星, 2018).

5G 통신기술이 올림픽에 처음 등장해 동시적 시각, 360도 파노라마 가상현실 생중계 및 전방위적 시각 등 5G 서비스로 시청자들에게 최고의 시청 경험을 선사하고, 보온복장, 스마트조끼, 헬멧 등 장비를 업그레이드해 선수, 트레이너 훈련 방식 등을 최적화해 부상을 줄였으며, 컬링 브러시, 썰매 등 스포츠 제품 기술의 개선으로 '더 높이, 더 빠르게, 더 강하게' 콘텐츠를 풍성하게 만들었다. 차기 개최지 소개에서 전 세계 관객들에게 중국 문화를 풍부하게 담아내고, 새로운 시대의 중국 이미지를 보여주는 시각의 향연과 함께, 배우와 함께 춤을 추는 스마트 로봇, 미세하고 섬세한 얼음 스크린, 감독의 '눈'과 '지휘봉'이 되는 시각적 시뮬레이션 시스템 등 과학기술의 스포츠 산업 침투는 새로운 볼거리를 제공했다. 과학기술의 올림픽 침투는 더 완벽한 기초 서비스를 제공하여 대회의 전파 효율을 높이는 것 외에도 이것이 직접 경기 스포츠의 경쟁에 참여하여 선수들이 '더 높고, 더 빠르고, 더 강한' 기록을 세울 수 있도록 돕는 것이다. 한 번의 올림픽 개최는 도시 인프라 구축, 경기조직과 관리, 미디어 전파, 관중 서비스 등 모든 분야에 걸쳐 진행되는데, 올림픽과 관련된 사람, 사물, 사건, 건

축, 시설 등을 '디지털화'하고 인공지능, 빅데이터를 활용한 전반적인 분석을 통해 자원을 자동으로 조달하며 올림픽 도시의 운영 효율을 크게 높이고 비용을 절감할 수 있었다(金晶, 2020).

컬링은 동계올림픽에서 가장 신비롭고 우아한 종목으로 꼽힌다. 컬링 경기를 관람하다 보면 선수들은 쉴 새 없이 컬링 브러시로 얼음 위를 쓸어내리는 모습을 볼 수 있다. 경기 중 컬링 브러시를 이용해 적당히 쓸어 얼음의 속을 변화시키면 표면의 얼음이 얇은 층을 형성할 수 있어 컬링과 빙판 사이의 마찰을 줄여 컬링스톤이 더 멀리 갈 수 있다. 동시에 선수들은 솔질을 이용해서 컬링의 진로를 바꿀 수도 있다. 곡선 활주 효과를 내기도 한다. 기술이 발전함에 따라 컬링 브러시가 끊임없이 업그레이드되면서 현대에 사용하는 브러시에는 센서와 메모리카드가 달려있어 선수가 가하는 하향력, 브러시가 컬링 코스를 따라 행진하는 거리 및 선수의 몸 상태 등 상세한 데이터를 기록할 수 있다.

그림 36. 2018년 평창 동계올림픽 개막
자료 출처: CCTV(2018)

그림 37. 2018년 평창 동계올림픽 중국 선수단
자료 출처: 중국 체육신간(2018)

하지만 휠체어컬링의 경우에는 투호 시 발의 얼음판 접촉이 금지되고 손이나 막대기로 투호를 하는 쌍끌이 경기 중 얼음을 닦을 수 없으며, 얼음 솔을 이용해 스톤의 운행 궤적과 활주 거리를 바꿀 수 없고 투호 성공률과 스톤의 낙하점 정확도가 건실한 사람보다 훨씬 떨어져 기술 평가 기준이 다르다. 2014년 동계올림픽을 마친 후 분석에 따르면 리그에서 팀별 투호 성공률 차이는 50~60%로 전체 순위에서는 강약을 드러냈지만, 최종 성적과는 달리 승패는 팀 전체 기술 성공률 외에도 4루수 활용, 결정적 이닝의 전술 운용, 키커 처리 효과와 관련이 깊었다. 토너먼트에서 캐나다는 높은 성공률을 설명하며 1루, 2루가 투호의 정확성을 높이고 백핸드 이닝 공격 전술을 효과적으로 구사해 팀 전체 투호 성공률이 73%로 리그전보다 20%나 높았다(穆亮·张强, 2015).

이처럼 다양한 시각에서 매력을 가지고 있다고 평가되던 컬링은 2018년 평창 동계올림픽에서 특별한 관심을 받았고, 메달권에 진입하지 못해 아쉬움이 많았지만 또 한 번의 발전을 위한 발판이 되었다고 전문가들은 말하고 있다(马乐虹, 2019).

휠체어컬링은 장애인 빙설 스포츠의 하나로 동계패럴림픽의 중요한 종목이며 1990년대에 시작돼 2006년 동계패럴림픽 정식종목으로 채택됐다. 휠체어컬링은 1990년대 전 세계에 널리 보급된 이래 세계 각국의 장애인 운동선수와 동호인들로부터 큰 인기를 끌고 있다. 휠체어컬링은 장애인 겨울 빙설 운동 방식을 풍부하게 만들 뿐 아니라 장애인의 빙설 스포츠 참가라는 현실을 구현해 장애인 빙설 스포츠의 권익을 효과적으로 보장하고, 결함을 넘어 의지, 기능, 체력 경쟁을 통해 생명의 잠재력에 도전하고 자신의 창의력과 가치를 과시하는 데 크게 기여한다. 이 때문에 최근 들어 각국이 휠체어컬링에 대한 투자를 늘리고 있다. 세계 대회에서 좋은 성적을 거두기 위해 자신의 투혼을 과시하는 한편 휠체어컬링의 기술력 향상을 촉진해 장애인들의 눈높이에 맞춘다. 중국은 2006년 휠체어컬링 도입 이후 기술력과 경기력이 꾸준히 향상되고 있지만, 휠체어컬링 강국과는 차이가 있다. 세계 휠체어컬링 강국과의 격차를 바꾸려면 휠체어컬링의 운동 특징과 과학적인 훈련에 대한 심도 있는 연구와 탐구가 필수적이다(穆亮·张强, 2015).

중국은 2006년 휠체어컬링을 도입해 헤이룽장(黑龍江)성에서 최초로 휠체어컬링 보급과 훈련을 시작했다. 인재, 장소, 기자재, 환경 등의 제약으로 훈련 참가자가 상대적으로 적었지만, 장애인들의 연습 참가를 적극적으로 유도하고 기존 컬링 기술의 지원으로 우리나라 휠체어컬링은 비교적 빠르게 발전했다. 2007년 국가대표 휠체어컬링팀을 창단했을 뿐 아니라 베이징·상하이·허베이(河北) 등에서도 '북빙남전(北氷南戰)'의 호재를 활용해 컬링을 적극적으로 추진하고 있었다. 중국 휠체어컬링팀 훈련 수준의 지속적인 발전에 따라 중국 휠체어컬링 운동의 경기 수준도 끊임없이 향상되었다. 2011년 세계장애인컬링선수권대회에서 중국의 휠체어컬링팀은 첫 출전에서 5위의 좋은 성적을 거두었다. 이후 중국 휠체어컬링팀은 2012년과 2013년 '세계휠체어컬링선수권대회'에서 각각 3위를 차지했고 2014년 소치 올림픽에서는 4위를 차지하는 쾌거를 이뤘다(穆亮·张强, 2015).

2018년 평창 패럴림픽의 새로운 올림픽 사이클에서 중국의 장애인 휠체어컬링팀은 또 한 번 좋은 성적을 기대하며 2018년 3월 평창 패럴림픽에 출전했다. 당시, 10여 년의 발전을 거쳐 중국의 휠체어컬링 운동 체계는 겨우 초보적인 규모를 갖추게 되었으며 헤이룽강, 지린, 허베이, 베이징 등 8개 성시에 17개의 대표팀이 있어 100여 명 가까운 전문 선수들이 휠체어컬링 훈련을 하고 있었다. 비록 초보적 규모였으나 중국의 휠체어컬링 운동이 세계 최고봉에 오를 수 있는 기초를 다졌을 뿐만 아니라, 중국 장애인 빙설 운동의 진일보한 발전을

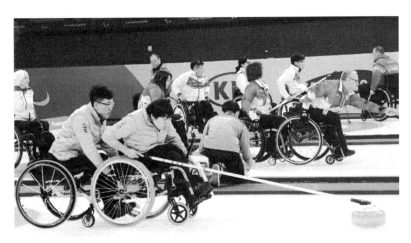

그림 38. 2018년 평창 동계패럴림픽의 휠체어컬링 중국 선수들
자료 출처: sports.sohu.com(2018)

보장해 주었다.

2018년 동계패럴림픽 휠체어컬링 참가 자격은 2015년, 2016년, 2017년 세계 휠체어컬링선수권대회 순위에 기반을 두어 12개 참가국 중에 중국은 종합 순위 4위로 참가 자격을 획득했다.

2018년 중국은 패럴림픽 장애인 휠체어컬링에서 12개 팀 중 3번째로 4강에 올랐다. 준결승전 승점 1점의 차이로 3개 대회 우승팀 캐나다에 간신히 승리한 뒤 중국은 자신만만하게 마지막 경기에 오른 중국 휠체어컬링팀은 기대를 모았던 결승전에서 중국 휠체어컬링팀은 노르웨이와 맞붙었다. 경기장 안에서는 선수들의 함성과 관중들의 응원 소리가 긴장감을 더했다. 왕멍(王蒙)·류웨이(劉微)·첸젠신(陳建新)·왕하이타오(王海濤)·장창(張强)으로 구성된 중국 팀은 전날 준결승 때의 뛰어난 컨디션을 이어갔고, 8세트 경기 후 쌍방은 5:5로 접전을 벌이며 연장전에 들어갔다.

그림 39. 중국 휠체어컬링팀 2018년 평창 동계패럴림픽 시상
자료 출처: 国际在线报道(2018)

연장전에서 노르웨이의 마지막 투구에서 실수가 생기면서 중국 팀은 선제점을 뽑아 승부에 쐐기를 박았다. 중국 휠체어컬링이 6 : 5로 이겨 시상대에 올랐으며 중국 선수단이 참가한 역대 겨울 패럴림픽에서 따낸 첫 메달이자 첫 금메달이다(王洹星, 2018). 동계패럴림픽 경기장에 처음으로 중국 국가가 울려 퍼진 만큼 2018년 평창에서 열린 동계패럴림픽은 중국 컬링의 역사에서 중요한 전환점으로 인지되고 있다.

3) 2022년 베이징 동계올림픽과 중국 컬링의 전망

2022년 베이징 동계올림픽은 감염병 위기, 우크라이나와 러시아의 전쟁 위기 등 대내외적 불안정한 상황 속에서 치룬 도쿄 올림픽에 이어 코로나19의 세계적인 팬데믹 중에 열렸다. 코로나19 확산 방지를 이유로 외국인과 일반인에게 티켓을 팔지 않는다고 발표해 사실상 무관중 경기로 올림픽을 진행했다. 게다가 올림픽이 끝나고 며칠만에 러시아와 우크라이나 전쟁으로 2022년 베이징 동계올림픽은 평화의 제전이라는 올림픽의 의미가 무색하게 빛이 바래게 되었다. 2008년 베이징 올림픽, 2014년 소치 동계올림픽과 함께 올림픽 기간이나 그 직후 전쟁이 일어난 올림픽이라는 불명예를 갖게 되었다.

제24회 베이징 동계올림픽은 2022년 2월 4일 금요일 개막하여 2월 20일 일요일 폐막했다. 노르딕 복합, 루지, 봅슬레이, 바이애슬론, 스노보드, 스피드 스케이팅, 스키점프, 스켈레톤, 쇼트트랙 스피드 스케이팅, 아이스하키, 알파인 스키, 컬링, 크로스컨트리 스키, 피겨 스케이팅, 프리스타일 스키, 이렇게 15개 종목, 109개 세부 종목에서 금메달을 놓고 91개국, 2,871명 선수가 참가했다.

그림 40. 2022년 베이징 동계올림픽
자료 출처: 바이두(2022)

베이징 동계올림픽의 슬로건은 '함께하는 미래(Together for a Shared Future)'이다. '투게더(Together)'는 전 세계적인 위기인 코로나를 직면하고 극복해 나가는 강인한 인류를 나타내며, 함께 어려움을 이겨내고 미래를 여는 성공의 길을 밝힌다는 의미를 담고 있다. '미래로'(for a Shared Future)는 아름다운 내일을 향한 인류의 동경을 나타내며, 믿음과 희망을 담아 전하고 있다.

메달의 명칭은 '한마음으로(Together as one)'라는 뜻의 '동심(同心, tóngxīn, 통신)'이다. 중국 고대의 원형 옥 펜던트를 모티브로 한 디자인으로, 메달 가운데 오륜 마크가 들어 있다. 2008년 하계올림픽 메달과 비슷한데, 이는 베이징이 최초로 하계올림픽과 동계올림픽을 모두 개최한 "듀얼 올림픽 시티"라는 점을 보여주기 위함이라고 한다.

2022년 동계올림픽 개최지는 3개의 지구로 나뉘는데, 베이징(北京, Běijīng) 지구, 옌칭(延庆, Yánqìng) 지구, 장자커우(张家口, Zhāngjiākǒu) 지구이다.

베이징 지구는 베이징 중심부에 자리 잡고 있다. 베이징 지구에서는 빙상종목을 책임졌다. 실내 경기장과 우커송 스포츠 센터에서 개최되었다. 스케이팅 종목은 국립 스피드 스케이팅 경기장에서 개최되었는데 이곳은 동계올림픽을 위해 유일하게 새롭게 건설된 경기장이다. 피겨스케이팅과 쇼트트랙 스피드 스케이팅 종목은 캐피털 실내 경기장에서, 컬링 종목은 국립 아쿠아틱 센터에서 개최되었다.

옌칭 지구는 베이징에서 북서쪽으로 75km 떨어진 곳에 위치하고 있다. 국립공원, 스키장, 만리장성의 팔달령 지역으로 구성된 베이징 외곽의 산악지역이다. 옌칭 지구의 국립 슬라이딩 센터에서는 스켈레톤, 봅슬레이, 루지 종목이 개최되었다. 중국의 첫 번째 슬라이딩 트랙이자, 아시아에서는 세 번째 트랙이다. 알파인 스키 종목은 국립 알파인 스키 센터에서 개최되는데, 7개의 코스로 구성되어 있으며, 표고차는 900m에 이른다.

장자커우 지구는 베이징에서 북서쪽으로 약 180킬로미터 거리에 위치하고 있다. 새로 건설된 베이징-장자커우 도시간 철도를 이용하면 한 시간 만에 동계올림픽 개최지 세 곳으로 이동이 가능하다. 장자커우 지구의 국립 크로스컨트리 센터에서는 크로스컨트리 종목, 국립 바이애슬론 센터에서는 바이애슬론 종목이 개최되었다. 스키점프, 노르딕 복합(스키점프) 종목은 국립 스키점프 센터에서 책임졌다.

노르웨이가 금메달 16개를 휩쓸어가 2연속 종합 1위로, 종전 기록인 2018년 평창 동계올림픽 금메달 14개를 갈아치워 역대 동계올림픽 금메달을 많이 획득한 나라가 됐다. 중국은 홈 어드밴티지를 살려 금 9개, 은 4개, 동 2개를 획득해 종합 3위로 역대 최고의 성적을 냈다. 특히 설상 종목에서 선전했다. 프리스타일 스키에서 금메달 4개와 은메달 2개를 땄는데, 프리스타일 스키 금메달은 2006년 토리노의 한 샤오펑 이후 16년 만이다. 스노보드에서는 쑤이밍이 빅에어 금메달과 슬로프스타일 은메달을 땄는데, 이 중 금메달은 중국의 첫 스노보드 금메달이었다. 이외에도 스켈레톤에서는 옌원강의 동메달로 첫 스켈레톤 메달을 땄다.

컬링 경기장은 2008년 베이징 올림픽에서 수영장으로 사용했었던 국립 아쿠아틱 센터로 동계올림픽에서는 물을 모두 빼내고 바닥을 덮어서 4개의 시트를 설치해 컬링장으로 사용했다.

원래 컬링의 올림픽 출전은 올림픽이 있기 직전 2년간 세계선수권의 성적에 따른 포인트로 자동으로 출전하는 개최국 제외 올림픽 직행 7팀이 정해지고 이후 최종예선으로 2팀이 정해져 총 10개국 팀이 참가하는 방식인데, 코로나19의 유행으로 2020년 세계선수권이 취소되면서 남녀는 2021년 세계선수권 상위 6개팀, 믹스더블은 세계선수권 상위 7개팀에게 올림픽 직행권이 주어졌고 이후 최종예선을 통해 남녀 3팀, 믹스더블 2팀이 올림픽 출전권을 얻었다.

믹스더블에서 이탈리아가 전승 우승을 차지하는 이변이 나왔다. 이탈리아는 세계믹스더블선수권 최고 성적이 2021년 5위였다. 남자부는 스웨덴이 처음으로 우승했고, 여자부는 2002년 솔트레이크시티 올림픽 이후 20년 만에 영국이 우승했다.

중국 남자컬링에는 마슈웨, 쩌우창, 왕즈위, 쉬징타오, 장둥쉬가 여자컬링에는 한위, 왕루이, 둥쯔치, 장리쥔, 장신디가 믹스더블에서는 판쑤위안와 링즈 선수가 출전국의 자격으로 참가했다. 하지만, 아무런 메달을 확보하지 못하고 마무리했다.

제13회 동계패럴림픽(2022년 베이징 동계패럴림픽)은 중국이 주최하는 국제 패럴림픽대회로 2022년 3월 4일 개막했다.

2015년 7월 31일, 토마스 바흐(Thomas Bach)는 2022년 동계올림픽 및 동계패럴림픽의 개최 도시가 베이징이 될 것이라고 발표했다. 베이징의 유치가 성공한 후, 베이징은 패럴림픽 역사상 최초로 하계 패럴림픽과 동계패럴림픽을 개최한 도시가 되었다.

베이징 동계패럴림픽은 6개의 주요 종목과 82개의 세부 종목으로 진행되었다. 베이징은 모든 빙상 스포츠를 개최했고, 옌칭과 장자커우는 모든 설상 스포츠를 개최했다. 베이징 동계패럴림픽은 2022년 3월 4일부터 13일까지 개최되었으며, 알파인스키, 바이애슬론, 크로스컨트리 스키, 스노보드, 아이스하키, 휠체어컬링 등 6개 주요 종목에는 736명의 패럴림픽 선수단이 참가했다. 9일간의 시합을 마친 중국 스포츠 대표단은 금메달 18개, 은메달 20개, 동메달 23개로 총 61개의 메달을 획득해 금메달과 메달 목록 모두 1위를 차지하며 역사적인 도약을 달성했다.

그림 41. 중국 휠체어컬링팀 2022년 베이징 동계패럴림픽 우승

자료 출처: 바이두(2022)

2022년 동계 패럴림픽 휠체어컬링 종목의 참가 자격은 2019년, 2020년, 2021년 세계 휠체어컬링 선수권 대회 순위에 기반했다. 중국을 제외한 상위 11개국이 참가 자격을 획득했고, 개최국인 중국은 자동 진출했다. 개최국이 상위 11개국 안에 들었기 때문에 차순위인 에스토니아가 추가로 참가 자격을 획득했다.

2022년 3월 12일, 2022년 베이징 동계패럴림픽 휠체어컬링 혼성단체 금메달 결정전에서 중국 팀이 스웨덴 팀을 8 : 3으로 꺾고 우승을 차지했다.

중국 휠체어컬링의 성과와 비약적인 발전은 또한 중국 장애인 스포츠의 발전을 반영한다. 베이징 동계패럴림픽은 중국이 동계 패럴림픽에 참가하는 여섯 번째 대회이며, 중국이 동계패럴림픽에 참가한 이후 가장 많은 대표단과 가장 많은 선수단이 참여하는 행사이다. 이들은 새로운 시대 중국 장애인의 자기 계발 정신과 중국 동계패럴림픽의 발전 성과를 세계에 보여주었다.

(1) 경기력 향상을 위한 전략

첫째, 선수들의 신체적 능력을 강화하기 위한 전략과 훈련 프로그램을 개발하여 시행하고 있다. 컬링 종목은 관찰, 전술 토론, 기준점 찾기, 컬링스톤 투척, 얼음 닦기 등이 잘 이루어져야 한다. 이런 운동 특징은 컬링에 대해 잘 알지 못하는 일부 관중이나 초보자들에게는 컬링이 선수들의 체력적 요구가 필요없는 스포츠라고 잘못 인식하게 할 수 있다. 중국의 컬링 지도자들은 컬링 경기 영상을 많이 보고 국내외 컬링 연구에 관한 문헌들을 많이 살펴보며 컬링선수들의 체력적 소질이 선수들의 경기력에 미치는 영향을 연구해왔다. 상대방의 실수 등 객관적인 요소를 배제하고 연구한 결과, 실력이 뛰어난 컬링선

그림 42. 중국 컬링 국가대표 훈련장
자료 출처: 国际在线报道(2019)

수에게 있어서 체력 유지가 경기력에 있어서 결정적이라는 판단 하에 다방면으로 경기력 향상을 위한 노력을 하고 있다. 컬링 운동의 특성과 선수들의 체력 요구에 대한 분석을 통해 컬링선수에게 적합한 훈련 방법을 찾아내고, 역량의 조화성, 안정성을 제고하여 중국 컬링의 경기력 향상을 촉진시키고자 노력해왔다. 현재 컬링 국가대표팀은 신체적 능력 중 균형 능력의 제어 수준을 향상시키고자 하는 훈련에 집중하고 있으며 코어단련 훈련과 그에 따른 근지구력의 향상을 유도하는 훈련 프로그램을 다양하게 연구 계획 및 실행하고 있다.

둘째, 과학적 AI 시스템을 도입하여 선수들이 경기장 시설에 제한받지 않고 훈련할 수 있도록 지원하고 있다. AI 기술은 응용 범위가 넓어 기초연구, 응용연구와 산업화 기술개발 등과 함께 발전했다. 중국 인공지능 산업의 급속한 발전과 국가 중대 전략 사업의 점진적 추진에 따라 관련 분야의 학술형, 응용형, 기능형 등 다층적으로 인재에 대한 절실한 요구가 형성되었다. 인공지능 전문인력양성 과정에서 전통적인 학부 교육모델은 이론학습과 실천학습의 심각한 괴리가 있고, 인공지능산업의 다층적 인재 수요를 충족시키지 못해 중국의 AI 적용이 더 높은 수준으로 발전하는 병목 문제가 되고 있다. 앞서 언급했듯이 컬링은 팀 단위로 진행되는 경기로 체력과 정신 정신력 단련이 중요하다. '얼음 위의 바둑'이라고 불릴 정도로 지적 능력이 요구되는 스포츠이다. 컬링 경기 관련 규칙을 참고해 디지털 컬링, 소형화, 지상화를 통해 디지털 컬링, 테이블 컬링, 육상 컬링 등 3가지 AI 실험 강의 플랫폼을 구축해 머신러닝, 딥러닝, 강화학습 등 AI 관련 실험수업을 진행하고 있다. AI 기술과 컬링 운동을 긴밀히 결합해 컬링 로봇 실험교습 장비를 자체 제작하고 컬링 로봇 실험 교습장을 구축해 학생들의 지능과 체력을 배양하고 단련하고 있으며 인공지능 신기술과 새로운 방법을 모색하는 적극적으로 활용하고 있다.

(2) 국가대표 선수 현황

2022년 베이징 동계올림픽 컬링 경기를 기준으로, 중국 남자대표팀으로 참가한 선수는 〔스킵〕 마슈웨, 〔서드〕 쩌우창, 〔세컨드〕 왕즈위, 〔리드〕 쉬징타오, 〔핍스〕 장둥쉬 등 5명이었다. 중국 여자대표팀으로 참가한 선수는 〔스킵〕 한위, 〔서드〕 왕루이, 〔세컨드〕 둥쯔치, 〔리드〕 장리쥔, 〔핍스〕 장신디 등 5명이었다. 믹스더블 종목으로 참가한 선수는 여자 선수는 판쑤위안, 남자 선수는 링즈였다.

이 대표 선수 중에서 현재 가장 주목받는 한 사람이 한위이다. 한위는 2014년에 컬링을 시작했다. 초등학생 때는 키가 커서 농구를 했고, 손가락 부상으로 농구를 그만두고 컬링을 했다. 컬링에 입문한지 불과 2년만인 2016년에 청소년 동계올림픽 믹스더블에서 영국의 로

스 화이트와 호흡을 맞춰 은메달을 땄다. 이후 2018년 중국 청소년 대표팀에 선발돼 중국팀의 포스를 맡아 최종 4위를 했다. 2019년 당시 아시아태평양선수권 대표선수 4명 중 가장 나이가 어렸음에도 팀의 스킵으로 선발돼 2019년 11월 아시아태평양선수권에서 우승했다. 이것은 2014년 이후 5년 만의 중국의 아시아태평양선수권 우승이었다. 코로나의 유행으로 2020년 세계선수권이 취소되고, 이후 2020~2021 시즌은 한국이나 일본과 마찬가지로 해외 투어에 나오지 못했다. 2021년 세계선수권에서는 10위를 했다. 베이징 동계올림픽이 있는 2021~2022 시즌에는 중국 대표팀은 자국 내 훈련만으로 올림픽을 대비하면서 중국 대표팀에 대한 정보가 한동안 베일에 싸인 가운데, 올림픽을 앞둔 2022년 1월 중국 대표팀 명단이 공식적으로 발표되며 스킵으로 이름을 올렸다. 베이징 올림픽에 출전하는 10개국 팀 중 최연소 스킵이자 팀내에서도 최연소였다. 2022년 베이징 동계올림픽 예선에서 3경기 연속 내리 패하면서 올림픽 일정을 마쳤다. 결국 중국은 최종 7위를 했다.

중국의 여자컬링 선수 중 가장 위대한 선수는 아마도 왕빙위(王冰玉)일 것이다. 올림픽에 3차례 대표팀 스킵으로 참가했고, 아시아 스킵 최초로 세계선수권에서 우승하면서 비 캐나다 팀으로는 첫 그랜드 슬램 우승을 하는 등 중국 컬링의 대표적인 선수가 되었다.

왕빙위는 2001년부터 컬링을 시작했다. 2004년부터 중국은 어린 선수들을 캐나다에 유학보냈는데, 왕빙위도 그중 한 명으로 캐나다로 가서 학업과 컬링 훈련을 병행했다. 왕빙위가 처음 국제대회에 출전한 것은 2003년 아오모리 동계아시안게임이다. 당시 대표팀의 핍스로 참가했다. 2004년 세계주니어B선수권에서는 팀의 스킵을 맡아 5위를 했고, 같은 해 태평양선수권에서는 2위를 했다. 2006년에는 중국팀 최초로 태평양선수권에서 우승하면서 내리 4년을 연속으로 우승했다. 2007년 창춘 동계아시안게임에서는 3위를 했고, 2008년 세계선수권에서는 은메달을, 이듬해 2009년 세계선수권에서는 금메달을 획득했다. 이것은 아시아 컬링팀으로는 첫 번째 세계선수권 우승이었다. 2010년 밴쿠버 동계올림픽에서는 동메달 결정전에서 승리했다. 같은 해 10월 컬러스 코너 어텀 골드 클래식에서는 우승했다. 이것은 비 캐나다 팀으로는 첫 그랜드 슬램 우승이었다. 2011년 세계선수권에서 동메달을 딴 이후로 세계선수권에서는 부진해 2014년 소치 동계올림픽에 간신히 참가할 수 있었고 결국 7위를 했다. 이후 2016년 아시아 태평양선수권 결승전에서 우승했고 2018년 11월 은퇴했다.

2009년 퍼시픽 컬링 청소년선수권대회에서 금메달을 획득하고 캐나다 밴쿠버에서 열린 2009년 세계 청소년 선수권대회에 참가했던 총 5명의 중국 청소년 국가대표 선수는 모두 당시 21세 미만이었다. 중국 컬링 청소년 대표팀 감독인 리훙첸은 하얼빈 출신이다. 그는 현재 중국 컬링 국가 대표팀과 중국 청소년 대표팀의 감독을 맡고 있다. 그는 제24회 동계올림픽에서 컬링 대표팀을 이끌었다.

2023년 3월 4일, 독일 퓌센에서 2023년 컬링 세계청소년선수권대회가 막을 내렸다. 중국팀은 결승전에서 개최국을 8:7로 꺾고 중국 컬링 사상 처음으로 세계청소년선수권대회에서 우승했다.

컬링은 유럽과 미국 국가에서 인기 있는 스포츠이며 캐나다의 남성 및 여자컬링팀은 다수의 세계선수권대회에서 우승했다. 1990년대에 컬링이 중국에 소개된 후 2003년에 여자팀이 구성되어 2005년과 2006년 세계선수권대회에서 7위와 5위를 차지했다. 2008년 세계선수권대회에서 중국 여자컬링팀이 준우승을 차지했고, 우승팀은 캐나다 팀이었다.

세계팀과 북미팀의 경기에서 중국 여자팀이 세계챔피언인 캐나다팀을 꺾었다. 캐나다인들이 자랑스러워하는 에이스팀이자 여러 차례 세계선수권대회에서 우승을 차지한 캐나다팀이었다.

2022년 중국 여자컬링 대표팀 선수 중 한위는 2000년생으로 당시 20세로 가장 어렸다. 컬링의 수명은 길고, 컬링의 경기력은 35세 전후가 가장 좋다고 한다.

중국 컬링 국가대표팀이 유니버시아드 동계올림픽 여자컬링 종목에서 금메달을 획득한 것은 획기적인 일이며 기쁘고 자랑스러운 일이다. 중국 컬링 국가대표팀이 이 신생 스포츠에서 이런 성과를 거둘 수 있다는 것은 기적이다. 중국의 동계스포츠 중 컬링은 경기장도, 자금도 부족한 스포츠다. 실제로 중국에 컬링선수가 100명도 안 되는 이 스포츠에서 우승을 차지하기까지 중국 팀이 얼마나 열심히 훈련하는지를 보여준다.

(3) 컬링 예비인재육성의 활성화 전망

인재의 양성은 사회 전진의 원동력이다. 컬링은 지리적 조건 및 기술적 조건 등에 대해 모두 높은 요구를 가지고 있는 수준 높은 경륜(經綸)이 필요한 스포츠 종목으로서 선수 및 감독 자신의 자질이 높은 수준에 도달해야 한다. 이것은 운동선수와 지도자의 신체적 자질을 충분히 고려해야 하며, 절대로 서둘러서 성취하려고 해서는 안 된다. 동시에 체육 관리 부문도 컬링에 대한 지원을 확대하고 그에 상응하는 정책적 혜택을 부여해야 한다. 동계스포츠 종목에 대한 개방도를 높이고 훈련 체제의 개혁을 추진하며 사회 각계 역량을 집합하여 컬링에 대한 사회 각계의 지지를 강화하고 인재양성을 가속화한다. 각종 경기를 통해 영향력을 확대하고, 경쟁 체제를 도입하며, 인지도를 확대하고, 인재의 선발과 양성을 확대한다. 동계올림픽의 개최로 인해서 사람들의 컬링에 대한 인식을 개선되었다. 컬링의 영향력을 확대하고 각 부문 간의 협동 협력을 강화함으로써 스포츠 체육 예비인재육성을 해야 한다.

중국은 컬링 종목에 참여하는 인구가 적다. 동계올림픽의 성공적인 개최는 대중 운동 열정을 불러일으키고 전 사회가 적극적으로 참여하는 농후한 분위기를 조성했다. 중국 정부는 전면적으로 "3억 인구 빙상 스포츠 참여" 목표의 실현을 추진했다. 각 지역은 그 지역의 특색과 결합하여, 헤이룽장, 랴오닝, 지린성과 같은 독자적인 풍격의 빙상 스포츠를 전개하여 본 지역의 빙상 스포츠 자원을 충분히 발굴하고 다양한 형식의 스포츠 항목을 전개하여 중국 빙상 스포츠 핵심 지역으로 만들고, 더 많은 현지 대중이 컬링에 참여하도록 할 뿐만 아니라 홍보 역량을 확대하고, 더 많은 성 외 인구 자원이 컬링에 참여하도록 유도한다. 다음으로 컬링 종목의 새로운 형식을 혁신하고 사회 역량이 운동 항목 보급에 참여하도록 격려하며 컬링의 캠퍼스 진입, 지역 사회 진입, 공원 진입 계획의 실행을 적극적으로 추진하여 양호한 발전 분위기를 조성한다. 게다가 빙상 스포츠 사회 조직을 규범화하고 클럽, 단체 등 각종 동호인 조직 형식을 만들어 통일적으로 관리하며, 컬링 항목 사회체육을 과학화하여 지도하고, 컬링 인구수 확대를 향상시켜야 한다. 동시에 컬링 인구의 질적 향상도 제고해야 한다.

동계올림픽 유치가 컬링에 가장 두드러진 영향은 컬링 예비인재 비축에서 나타나며 인재 비축이 충분해야만 컬링 발전에 기초 조건을 갖추게 된다. 동계올림픽은 컬링의 최고 수준의 국제적인 경기대회이다. 많은 선수들의 모든 노력은 자신의 경기 수준을 향상시키기 위한 것이다. 동계올림픽에서 금메달을 획득하고 국가의 영예를 떨치기 위한 것이다. 자신의 노력에 대한 답이 있다. 그러나 경기 컬링은 대중 컬링과 다르므로 기술훈련은 서둘러서는 안 되며, 체계적이고 과학적인 지도 하에 진행되어야 하며, 그렇지 않으면 선수의 신체 건강과 운동 주기를 위태롭게 할 것이다. 중국은 전문체육대학 및 훈련기관에서 예비인재를 집중적으로 선발, 양성 및 훈련하여 체계적, 과학적 훈련을 통해 수준 높은 경기 운동선수를 양성해야 한다(肖世成, 2018).

동계올림픽의 영향을 받아 전문체육대학은 컬링 경기 인재양성을 더욱 중시하고 컬링 종목과 결합하여 전문훈련을 조직하여 대량의 우수 인재를 비축해야 한다. 이와 동시에 학교는 각종 컬링 경기 활동을 조직하여 선수들의 기능, 심리 소양을 단련하고 경기운동 인재 발전 루트를 넓혀야 한다.

(4) 베이징, 허베이의 지역 스포츠 산업으로 발전

2022년 동계올림픽에서 베이징은 빙상 스포츠 종목의 경기를 주관했고, 장자커우는 설상 스포츠 종목의 경기를 주관했다. 관련 빙상 스포츠시설 건설로 인해 두 도시 빙상 스포츠의 상황이 뚜렷하게 개선되어 전국 빙상 스포츠 활동의 중심이 되었다. 이렇게 되면 동북지방을 중심으로 한 컬링 구도가 깨지고 새로운 컬링 구도가 형성된 것이다.

베이징, 장자커우는 2022년 동계올림픽의 유치 도시로 전국의 주목을 받았다. 베이징, 장자커우의 운동 시설은 여름 스포츠 종목 위주로 겨울 빙상 스포츠는 비교적 부족했다. 하지만 베이징과 장자커우가 동계올림픽 개최로 인해 상황이 조금 바뀌었다. 빙상 스포츠 인프라의 수량과 규모가 대폭 향상되어 동계올림픽은 단순한 운동경기가 아니라 스포츠 실력을 과시하고 새로운 이미지를 심어주는 기회가 되었다.

과거 기타 국가에서 개최한 동계올림픽 때, 각 도시는 개최 과정 중에 경제, 문화, 특히 체육 경기장 시설 방면에서 장족의 발전을 이룩하고 동시에 이 지역 심지어 개최국의 빙상 스포츠 산업도 발전하여 빙상 스포츠의 대폭 향상되도록 촉진했다. 동계올림픽의 개최를 통해 베이징과 장자커우도 상응하는 빙상시설이 건설되어 경기도 한층 더 향상되었다. 동시에 동계올림픽이라는 초대형 플랫폼을 빌어 사회 경제와 도시발전의 이상과 계획을 융합시킴으로써 동계올림픽의 종합적인 부가가치 효과와 장기적인 효과를 넓혔다. 동계올림픽 개최로 베이징과의 연결을 완성하여 장자커우시가 진일보 발전하는 계기가 되었다. 또한, 미래를 내다보고 더 큰 미래 공간을 남겨 계속 발전할 수 있도록 해야 하며 동계올림픽의 후발 효과를 달성하기 위해 특히 기초 시설의 건설과 빙상 스포츠 규모를 높여야 한다.

컬링 스포츠 시설의 물리적 환경에 따라 대중들의 만족도와 재구

그림 43. 베이징 동계올림픽 시설
자료 출처: 中国文化网(2020)

매 의도에 영향을 미치기 때문에 컬링이 발전하기 위해서는 기초 시설의 건설이 빠질 수 없다. 완비된 운동 시설은 컬링의 대중화 보급에 추진력을 더할 것이다. 정부는 운동 시설 개조 건설 과정 중 적극적으로 사회 자본을 유치하고 지역 공간을 합리적으로 배치하며 대중의 수요, 경기장 이용, 환경 보호 등 요소를 종합적으로 고려하여 대중에게 고품질의 안전한 운동장을 제공해야 한다. 컬링 경기장의 이용은 컬링의 보급을 주요 목적으로 하며, 운동 시설은 공공 문화 서비스 체계의 일부이다. 더 많은 사람들이 컬링에 참여하여 컬링이 주는 즐거움을 누릴 수 있도록 해야 할 것이다.

(5) 중국 컬링의 대중적 발전 전망

중국 국민 소득의 끊임없는 향상은 컬링 발전에 튼튼한 기초를 다졌다. "2008년에 중국의 1인당 GDP는 3000달러에 도달했다. 국제 경험에 따르면 한 국가 또는 지역의 1인당 GDP가 3000달러를 초과하면 국민의 소비유형, 소비행위도 중대한 전환이 발생할 것이다." 또한 국민 소비의 차원이 점차 높아질 것이다. 개인 수입의 급속한 증가 및 체육 소비 관념의 전환은 체육의 번영과 발전을 위해 튼튼한 기초를 다졌다. 컬링과 같은 운동 종목은 향후 중국에서 급속한 발전과 더불어 사람들의 물질문화 수요를 만족시킬 것이다(李春晖, 2015).

중국의 방대한 가족생활체육 집단은 컬링의 발전에 거대한 시장 잠재력을 제공했다. 가족은 사회를 유지하는 세포이며 사람들의 생활체육의 수요를 가동하는 발원지이다. 중국의 가족생활체육은 국민체육활동을 활성화하는 중대한 촉진 요소이다. 통계에 따르면 2020년 현재 중국의 전체 가구수는 약 4억에 달한다. 중국은 세계 최대의 가구수로 세계 최대의 스포츠 소비국이라 할 수 있다. 중국의 가구수와

그림 44. 대형쇼핑몰 내부 소형 컬링 경기장
자료 출처: sports.sohu.com(2021)

총 인구수의 증가는 스포츠 소비 수요의 증가를 이끈다고 할 수 있다.

컬링은 남녀노소 모두에게 적합하고 팀플레이를 중시하는 운동으로 가족 단위로 참여하기에 매우 적합하다. 캐나다인들은 모두 어렸을 때부터 컬링을 접하기 시작했으며, 가족들이 종종 팀을 이뤄 지역대회에 참가한다고 한다. 중국에서도 컬링의 인지도가 높아짐에 따라 많은 사람들이 가족 형태로 컬링에 참여할 것으로 믿으며 컬링은 중국에서 큰 발전 잠재력을 가지고 있다(吴础怡, 2019).

동계올림픽의 성공적인 개최는 컬링에 새로운 시장 발전의 기회를 제공하여 중국 컬링과 탁구, 배드민턴의 '전민재병'[41] 상황이 다른 것은 컬링의 거국체제가 결코 두터운 대중의 기초 위에 세워지지 않았다는 것이다. 중국의 컬링은 프로화되었다가 보급된 유일한 특수 종

---

41 全民皆兵: 전투에 참가할 수 있는 인민을 모두 무장시켜 언제든 침입한 적을 섬멸할 수 있도록 준비하라는 뜻.

목이다. 컬링은 세계대회에서 여자컬링 국가대표팀의 맹활약함으로 인해서 사람들의 관심을 끌었다. 이 신흥 스포츠는 사회적으로 끊임없이 인정을 받게 되는데, 이는 당구 '딩쥔후이(丁俊暉)' 현상과 테니스 '리나(李娜)' 현상과 매우 흡사하다. 국제대회에서 성적을 거둔 후 중국은 급속히 인기를 끌었고, 국가적으로 역량이 투입되고 경기력 향상으로 중국 관련 시장이 끊임없이 성장했다.

4) 소결론

중국 컬링의 도약기는 제24회 베이징 동계올림픽 유치가 결정되면서 변화를 가져온 시기라고 할 수 있다. 여러 나라가 경쟁했으나 결과적으로 중국 베이징에서 2022년 동계올림픽 유치가 결정되었기 때문에 정부 차원에서 동계스포츠 종목에 대한 지원이 확대되었고, 대중들의 관심 또한 집중시킬 수 있었다. 동북에 집중되어 있던 동계스포츠 종목을 남쪽에서도 이루어질 수 있도록 추진했다.

중국 컬링은 2022년 동계올림픽을 통해 대중컬링, 경기컬링, 생활스포츠의 배치 등이 추진되며 큰 발전을 이루었다. 올림픽을 위해 세워진 시설과 환경을 기반으로 컬링 산업의 활성화를 모색하며 베이징, 장자커우의 경제, 스포츠, 문화 등 각 방면의 발전에 도움이 되었다. 베이징·장자커우, 옌칭의 컬링 인프라 구축을 가속화하고, 타 종목과 융합 및 복합적으로 발전할 수 있는 방안을 구축하여 시설 유지를 위한 경제적 부담을 줄이고 문화적 사회적으로 동계스포츠의 중심에 서는 종목으로 거듭나기 위해서 노력하고 있다.

V. 결론 및 제언

1. 결론

본 연구에서 컬링의 기원과 역사를 알아보고 중국 컬링의 도입과 발전과정을 분석, 탐색하여 미래를 위한 발전과정을 정리하면 다음과 같다.

첫째, 중국의 컬링은 그 도입기가 다른 나라에 비해 늦은 출발을 했고 그로 인하여 발전이 늦어졌다. 프로젝트의 특성상 국민에게 보급률이 높지 않은 데다 컬링 장소와 설비가 상대적으로 부족했다. 중국 컬링협회는 정부 기관의 성격을 가지고 성, 시 등의 회원 협회를 관리하며 발전을 꾀했다. 하얼빈시가 일본과 교류하며 참가한 첫 대회를 시작으로 정식 컬링팀을 창단했으나 전폭적인 지지를 받지는 못했다.

둘째, 중국 컬링의 발전기를 살펴보면 경기성적에 집중하여 변화가 이루어졌음을 볼 수 있었다. 2003년에는 최초의 국가대표팀이 탄생했고 같은 해 중국은 세계컬링연맹에 가입했다. 이후 중국 선수들이 세계 컬링 무대에 등장했다. 발전기에 중국은 크고 작은 국제대회에 참가했으며 범태평양 지역 컬링선수권대회와 세계 컬링선수권대회 등에서 좋은 성적들을 거두며 국가와 국민들의 관심을 받기 시작했다. 중국 컬링이 국제경기에서 주목을 받기 시작하면서 정부는 부족한 기자재와 훈련 프로그램을 재정비했고 예비인재육성의 체계를 구상했다. 중국 컬링의 발전 단계에서 중요한 예비인재육성은 주로 프로 스포츠팀, 상하이 특색의 '체교결합', 클럽의 세 가지 주요 모델로 이루어진다. 선수 선발의 경우, 프로 스포츠팀은 전형적인 스포츠체육 '3급 훈련망'을 채택하여 선수를 선발하고, 상하이 특색의 '체교결합'은 재학생의 시험 경기 훈련을 통해 선수를 선발했다. 클럽은 대중스포츠로서의 발전을 모색하는 방향성을 가지고 클럽에서 직접 전문적 선수를 선발하지 않는다. 프로 스포츠팀의 트레이닝은 6일 반 훈련제를 채택하여 훈련과 평가전을 결합하고, 상하이 특색의 '체교결합'은 선수 훈련이 유연한 반면 경기를 위한 기술 훈련에 집중하는 모습을 보이고 있다. 클럽의 훈련은 흥미증진을 원칙으로 한다. 스포츠 경기에서 프로 스포츠팀이 중국 경기장에서 지배적 위치를 차지하고 있으며, 상하이 특색의 '체교결합'은 경기 성적에 목적을 두지는 않지만, 경기 기술 훈련을 통해 꾸준한 성적을 내고 있다. 클럽은 아마추어·세미프로 경기를 통해 대중의 흥미를 끌고 있다. 중국 컬링 예비인재 육성의 세 가지 모델은 각각 적용되는 환경과 지역을 다르므로 이에 상응하는 독특한 가치와 장단점을 가지고 있다. 프로 스포츠팀은 컬링 인재양성에 있어 효율적이지만, 심각한 "학훈 갈등"을 가지고 있다. 상하이 특색의 '체교결합'은 고교 스포츠 발달을 위해 효과적이지만 학업과 병행하다 보니 훈련 효과가 떨어질 수밖에 없다. 컬링 대중 기반이 좋은 지역의 클럽은 예비인력의 기초적인 양성 측면에서 프로 스포츠팀과 상하이 특색의 '체교결합' 모델보다 효과적으로 보완이 되었다. 무엇보다 스포츠 경기로서 중국 컬링의 경기 성적에 따른 영향력이 가장 크다. 중국 대표팀의 경기 성적이 뒷받침이 된다면 중국 컬링 경기의 발전이 더욱 가속화될 수 있을 것이다.

셋째, 베이징 동계올림픽 이후 중국 컬링 발전을 위해서는 지속적인 관심과 투자를 해야 한다. 비록 2022년 베이징 동계올림픽에서 중국팀이 좋은 성적을 거두지는 못하였지만 이번 베이징 동계올림픽을 준비하는 과정에서 많은 발전을 이룰 수 있었다. 2022년 베이징 동계올림픽을 기점으로 컬링이 생활스포츠로의 발전을 이루기 위해 많은 기반 시설과 환경을 만들었다. 앞으로는 이를 바탕으로 컬링 산업의 활성화를 모색해야 할 것이다. 또한 컬링 인프라 구축을 가속화하고, 타 종목과 융합하여 복합적으로 발전하는 방법에 대한 연구가 계속되어야 할 것이다. 이러한 조건이 성취된다면 앞으로도 중국 컬링이 세계적 강국으로 거듭날 수 있을 것이다.

2. 제언

본 연구에서 컬링의 기원 및 역사적 배경과 중국 컬링의 발전과정과 경기사를 정리했다. 중국에서 컬링 발전에 영향력을 미친 요인들을 살펴보면, 중국 스포츠는 경기력이 강한 종목에 관심이 집중되는 경우가 많다. 따라서 중국 컬링의 발전을 위해서 세계적인 경기에서 중국 컬링 대표팀의 존재감이 필요하다. 중국의 동계스포츠 컬링 발전을 위해 다음과 같이 제언하고자 한다.

첫째, 중국 컬링 대표팀 양성의 현주소를 포괄적이고 객관적으로 평가하여 프로 스포츠팀, 상하이 특색의 '체교결합', 클럽의 세 가지 모델이 컬링 인재양성에 갖는 역사적 의미와 현실적 가치, 한계를 인식해야 한다. 인재양성 모델의 최적화된 발전과정 중, 스포츠 발전의 법칙을 존중하고 중국 컬링 발전의 현실과 수요를 존중하는 기본 원칙에 따라 모델의 다원화 발전을 견지해야 한다. 한가지 육성 모델 위주로 하거나, 다양한 육성 모델의 병존, 복합형 육성 모델 체계 발전 등 다양한 방향으로 연구하면서 프로 스포츠팀에서 전문 선수 육성을 유지하고 상하이 특색의 "체교결합"을 통해 예비인재육성을 활성화하고 클럽을 통해 대중과 어우러지게 하는 등 구체적인 계획이 필요하다.

둘째, 중국 컬링의 예비인재육성은 기본적으로 세 가지 모델에서 이루어지고 있지만, 세 가지 모델이 효율적으로 연계되어 소통하지 못하고 있다. 세 가지 모델은 상호 참고하고 강점을 상호보완하는 방식을 통해 유기적으로 융합하여 다층적이고 다양한 컬링 예비인재육성 모델 체계를 형성해야 할 것이다.

셋째, 컬링의 발전과정과 경기사를 중심으로 연구했으나, 중국 컬링의 발전과정에 대한 기록과 자료가 매우 미비했다. 중국의 컬링은 도약기를 맞이했지만, 앞으로 많은 발전의 단계가 예상되기 때문에 경기성적을 위한 규칙과 기술에 대한 연구도 필요하지만, 중국의 사회적 변화에 따른 컬링의 발전과정, 시간의 흐름에 따른 컬링의 대중화 과정 등의 연구가 이어져야 할 것이다.

참고문헌

강내원(2004). 「인터넷과 대중매체 이용이 참여에 미치는 영향에 관한 연구」. 『한국언론학보』, 48(3), 116-143.

강수연(2021). 「컬링의 기원과 변천 과정에 관한 연구」. 미간행석사학위논문. 전북대학교 교육대학원.

고려대학교 문과대학 교수실편(1979). 『역사란 무엇인가』. 서울: 고려대학교 출판부.

김미연(2014). 「컬링 종목의 여가활동으로써 가능성 탐색」. 미간행석사학위논문. 고려대학교 교육대학원.

김상욱(2004). 『교육평가용어사전』. 서울: 학지사.

김성진(2004). 「문헌정보학 이론의 효율성과 활용성 연구」. 미간행박사학위논문. 이화여자대학교 대학원.

박성건·이수원(2017). 「컬링 경기 승자와 패자의 특징 분석: 샷 유형, 샷 정확도, 블랭크엔드 및 평균 득점을 중심으로」. 『체육과학연구』, 28(2), 517-528.

박성근(2020). 「컬링 스포츠시설의 물리적 환경이 고객 만족과 재구매 의도에 미치는 영향」. 미간행석사학위논문. 숭실대학교 대학원.

박준형(2013). 「고등학교 한국사 교과서 사진자료 분석을 통한 문제점 및 개선방안 연구」. 미간행석사학위논문. 상명대학교 예술디자인대학원.

세계컬링연맹(2020). https://worldcurling.org/about/history.

안재성·채재성(2016). 「컬링 믹스더블 경기 전략 연구」. 『한국스포츠학회지』, 14(3), 129-137.

한수빈(2011). 2009 개정교육과정 중학교 역사 교과서 삽화자료 분석-통일신라와 발해를 중심으로. 미간행석사학위논문. 울산대학교 교육대학원.

马毅(1994).「冰壶运动概述」.『沈阳体育学院学报』, 1(0), 26-28.

郭亦农(1994).「我国开展冰壶运动可行性分析」.『沈阳体育学院学报』, 1994(2), 36-37.

皇家喀里多尼亚冰壶俱乐部官方网站. http://www.royalcaledoniancurlingclub.org/.

中国冰壶人口堪比大熊猫巴西警察"打水壶"爆红. http://sports.sohu.com/2014 0222/n395485327.shtml.

场地少资金乏人才缺首个冰壶后背人才学校成立. http://news.xinhuanet.com/sports/2011-12/08/c_122395969.htm.

王珂(2003).「全国冰壶比赛出现问题的分析」.『冰雪运动』, 3(1), 50-51.

王兵·李毅军(2003).「浅谈冰壶运动员的心理训练方法」.『冰雪运动』, 6(2), 67-68.

谭伟东·浅谈(2003).「中国冰壶运动发展中的几个问题」.『冰雪运动』, (6) 53-55.

许水生(2005).「中国与日本冰壶竞技后备人才培养的比较分析」. 硕士学位论文. 北京体育大学.

陈千山·许水生(2006).「从2006年太平洋地区青年冰壶锦标赛看中国青少年竞技冰壶发展」.『冰雪运动』, 6, 27-29.

苏和(2006).「冰壶运动队团队凝聚力影响因素分析」. 哈尔滨体育学院, 2(4), 58-60.

于黎冰(2007).「我国冰壶运动发展现状及研究进展」.『冰雪运动』, 29(2), 45-47.

范可(2008).「全球化语境下的文化认同与文化自觉」.『世界民族』, 1(2), 1-8.

韦庆旺·俞国良(2009).「权力的社会认知研究述评」.『心理科学进展』, 17(6), 1336-1343.

袁林(2009).「冰壶运动在中国的发展与对策分析」.『吉林体育学院学报』, 3, 25-26.

李尚斌(2009).「对中国冰壶队备战冬奥会亟待解决问题的研究」.『冰雪运动』, 5, 49-54.

张宝军·李洪臣(2009).「中国东北地区部分高校开展冰壶项目的可行性分析」.『冰雪运动』, 31(03), 43-45.

徐建(2010).「中国外文化生态理论研究综述」.『山东省青年管理干部学院学报』, 1(5), 6-10. 36-40.

王建明·赵洁萍(2010).「我国冰壶运动发展研究」.『体育文化导刊』, 9(0), 31-33.

马旭(2011).「"申奥成功"背景下中国冰壶的发展研究」.『冰雪运动』, 38(2), 31-34.

吴月滨(2011).「中国优秀冰壶运动员专项体能结构特征研究」. 硕士学位论文. 哈尔

滨工程大学.

柴如鹤·李振伟·梁志剑(2011).「中国冰壶发展优势及制约因素分析」.『哈尔滨体育学院学报』, 29(5), 27-29.

王广贵(2011).「黑龙江省冰壶后备人才培养现状的分析与对策研究」. 硕士学位论文. 东北师范大学.

谭虹(2011).「我国冰壶运动后备人才培养的影响因素和多元化策略研究」.『冰雪运动』, 33(5), 88-91.

洪美玲(2011).「从2010年冰壶世锦赛看中国冰壶的发展」.『辽宁体育科技』, 33(1), 92-95.

洪美玲(2011).「对中国男子冰壶发展的展望」.『冰雪运动』, 33(4), 36-40.

柴如鹤·李振伟·梁志剑(2011).「我国冰壶运动发展优势及制约因素分析」.『哈尔滨体育学院学报』, 29(5), 6-10.

刘冬(2012).「冰雪资源优势下黑龙江省高等院校开设冰壶课程的研究」.『哈尔滨体育学院学报』, 30(2), 22-25.

王祺(2012).「黑龙江省本科高校引入冰壶项目的可行性研究」. 硕士学位论文. 河北师范大学.

陈晓峰(2012).「多维视角下体育文化的内涵价值与建设」.『上海体育学院报』, 36(2), 21-24.

于亮·王瑞元·周越(2012).「冰壶的起源与发展研究」.『体育文化导刊』, 2(3), 133-136.

郝勤(2012).「论体育与体育文化」.『上海体育学院学报』, 36(3), 3-6.

张键华(2014).「中西体育文化比较」. 硕士学位论文. 武汉体育学院.

杨韵·邹玉玲(2014).「泛体育文化研究的哲学批判-种文化哲学的方法论视角」.『北京体育大学学报』, 37(1), 52-57.

许延威(2014).「中国体育文化现代化与体育文化自觉」.『河北体育学院学报』, 28(6), 14-17.

张守信(2014).「滑雪旅游目的地竞争力评价指标体系研究」.『冰雪运动』, 36(6), 55-63.

徐杏玲(2014).「中国女子冰壶发展状况研究」.『冰雪运动』, 36(3), 58-61.

陈绍卓(2015).「中国冰壶发展现状及前景分析」. 硕士学位论文. 哈尔滨工业大学.

柏雯婷(2015).「冰壶运动在我国"北冰南展"的研究」.『体育时空』, 5(1), 9-11.

河北日报(2015). 国际奥委会第128次全会投票决定 北京携手张家口举办2022年冬奥会. [2015-08-01]

李春晖(2015).「当代中国体育文化的内涵-特性与体育人文精神建设」,『北京体育大学学报』, 38(12), 22-26.

穆亮·张强(2015).「中国轮椅冰壶队战术能力综合评价」,『体育文化导刊』, 4(4), 120-123.

李野·张守信(2015).「我国冰壶运动发展现状及对策研究」,『体育世界(学术)』, 3(741), 4-5.

许水生·赵霖·蒋立(2016).「以冰壶项目为着力点推进"三亿人参与冰雪运动"」,『冰雪运动』, 2(1), 35-40.

国家体育总局(2016). 关于印发『群众冬季运动推广普及计划(2016-2020年)』的通知 146号.

北京市人民政府(2016). 北京市全民健身实施计划(2016-2020年).

北京市人民政府(2016). 北京市人民政府关于加快冰雪运动发展的意见(2016-2022年) 京政发 12号.

李双玲(2017). 近20年来国内外冰壶运动研究热点评述. 哈尔滨体育学院学报.

徐若天(2017).「吉林省冰壶社会化发展的研究」. 硕士学位论文. 吉林体育学院.

汪宇峰(2017).「美国冰壶发展及其启示」,『体育文化导刊』, 2(2), 108-112.

肖世成(2018).「冰壶科研现状分析」,『科技资讯』, 16(17), 239-241.

朱佳滨·姚小林(2018).「新时代中国冰雪体育人才培养对接研究」,『哈尔滨体育学院学报』, 36(4), 6-10.

国家体育总局(2018). "带动三亿人参与冰雪运动"实施纲要(2018-2022年).

王洹星(2018). 中国轮椅冰壶队平昌夺冠 取得中国冬季残奥会历史首枚奖牌. 国际在线报道. [2018-03-17]

人民日報(2018). 北京冬奥会新增7个小项共产生109枚金牌. [2018-07-19]

马乐虹(2019).「2022冬奥会背景下黑龙江冰上项目后备人才培养与发展策略研究」. 硕士学位论文. 牡丹江师范学院.

秦玉京(2019).「西洋文化对体育人才培养风格的影响」,『教育研究』, 1(1), 74-75.

吴础怡(2019).「制约中国冰壶发展的文化因素研究」. 硕士学位论文. 哈尔滨体育学院.

金晶(2020).「基于冰壶机器人的人工智能实验教学设计与实践」. 实验技术与管理,

37(4), 210-213.

李建锐(2020).「概率思维在轮椅冰壶技战术及实战中的应用」. 硕士学位论文. 哈尔滨体育学院.

王玮(2020).「我国冰壶运动国际竞争力的现状与对策研究」.『冰雪体育创新研究』, 2020(7), 15-16.

李文竹(2020).「2022冬奥会背景下北京市大众参与冰壶运动的现状及对策研究」. 硕士学位论文. 首都体育学院.

马梦蝶(2021).「新浪网冬奥会报道(2002-2018)的中国女性运动员媒介形象变迁研究「. 硕士学位论文. 成都体育学院.

穆亮(2021).「我国冰壶运动员备战冬奥会竞技体能训练的研究」.『冰雪运动』, 43(4), 12-15.

人民日报(2021). 北京冬奥会冬残奥会测试赛进程过半. [2021-11-13]

王泽彬(2021).「2022-2032年后冬奥时代冰壶俱乐部可持续发展策略研究」. 硕士学位论文. 哈尔滨体育学院.

王泽雨(2021).「2022年北京冬奥会新增项目对中国冰雪运动的影响分析」.『拳击与格斗』. 1(1), 106-107.

张华兴·汤宪美(2021).「北京市冰壶赛事开展对"三亿人上冰雪"的促进研究」.『国家体育总局体育文化发展中心会议论文集』, 14-15.

John Ramsay(2010). *An Account of the Game of Curling*. Memphis: General Books LLC, 1-36.

James Graeme(1773). *Poems on several occasions*. Woodbridge: CT Research Publications, 242.

John Kerr D. Douglas(1890). *Curling in Canada and the United States*. Toronto: The Toronto news co, Ltd, 1904, 1-48.

Lewis. C. I. & Langford. C. H.(1959). *Symbolic Logic*, Dover Publications: New York.

Scottish Curling Federation(1838). *Royal Caledonian Curling Club RULES OF THE GAME*. Scottish Curling Federation.

The Muses Threnodie Eighth Muse. http://allpoetry.com/poem/8573305.